Hendrik Meiner

Technische und wirtschaftliche Bewertung der Anbieter im deutschen Privatkunden-Breitbandmarkt unter besonderer Berücksichtigung der 'Letzten Meile'

Bibliografische Information der Deutschen Nationalbibliothek:

Bibliografische Information der Deutschen Nationalbibliothek: Die Deutsche Bibliothek verzeichnet diese Publikation in der Deutschen Nationalbibliografie; detaillierte bibliografische Daten sind im Internet über http://dnb.d-nb.de/ abrufbar.

Copyright © 2006 Diplomica Verlag GmbH
Druck und Bindung: Books on Demand GmbH, Norderstedt Germany
ISBN: 9783836605274

http://www.diplom.de/e-book/225363/technische-und-wirtschaftliche-bewertung-der-anbieterstruktur-am-deutschen

Hendrik Meiner

Technische und wirtschaftliche Bewertung der Anbieterstruktur am deutschen Privatkunden-Breitbandmarkt unter besonderer Berücksichtigung der 'Letzten Meile'

Diplom.de

Hendrik Meiner

Technische und wirtschaftliche Bewertung der Anbieterstruktur am deutschen Privatkunden- Breitbandmarkt unter besonderer Berücksichtigung der 'Letzten Meile'

Diplomarbeit
Technische Universität Dresden
Fachbereich Verkehrswissenschaften
Institut für Wirtschaft und Verkehr
Dezember 2006

Diplom.de

Diplomica GmbH
Hermannstal 119k
22119 Hamburg

Fon: 040 / 655 99 20
Fax: 040 / 655 99 222

agentur@diplom.de
www.diplom.de

Hendrik Meiner
Technische und wirtschaftliche Bewertung der Anbieterstruktur am deutschen
Privatkunden-Breitbandmarkt unter besonderer Berücksichtigung der 'Letzten Meile'

ISBN: 978-3-8366-0527-4
Druck Diplomica® Verlag GmbH, Hamburg, 2007
Zugl. Technische Universität Dresden, Dresden, Deutschland, Diplomarbeit, 2006

© Diplomica Verlag GmbH
http://www.diplom.de, Hamburg 2007
Printed in Germany

Kurzfassung

Meiner, Hendrik: Technische und wirtschaftliche Bewertung der Anbieterstruktur am deutschen Privatkunden-Breitbandmarkt unter besonderer Berücksichtigung der „Letzten Meile"

Diplomarbeit „Letzte Meile"; VDSL; Anbieter

Technische Universität Dresden, Fakultät Verkehrswissenschaften „Friedrich List", Institut für Wirtschaft und Verkehr - Lehrstuhl für Kommunikationswirtschaft

Studiengang Verkehrswirtschaft 1999, Abgabe der Diplomarbeit 2006

Die vorliegende Diplomarbeit beschreibt den aktuellen Stand der in Deutschland verfügbaren Telekommunikationsinfrastrukturen in der „Letzten Meile" und deren Anbieter. Der Fokus wird dabei auf Unternehmen gelegt, die für private Kunden Breitandanschlüsse anbieten.

Nach Erklärungen zu wichtigen Begriffen zum Thema Breitband erfolgt eine Übersicht über die aktuelle Struktur der Anbieter und deren Marktanteile in Deutschland. Des Weiteren werden besondere technische Merkmale der Netzinfrastrukturen erläutert und bewertet. Ebenso werden allgemeinen Daten der gesamten in Deutschland vorhandenen Telekommunikationsinfrastruktur beschrieben. Im Anschluss daran erfolgt eine Zusammenfassung geplanter Investitionen der Anbieter in die verschiedenen Netzinfrastrukturen mit einem Zeithorizont drei bis vier Jahren. Darin werden nur die Investitionen in die leitungsgebundenen Formen des Fest- und Kabelnetzes bzw. drahtlosen Infrastrukturen UMTS und WiMAX ausführlicher betrachtet. Bei den Festnetzen konzentrieren sich die Untersuchungen neben den Investitionen der Deutschen Telekom AG in das VDSL Netz, auf die vier größten alternativen Festnetzanbieter, ARCOR AG & KG, Versatel Holding GmbH, HanseNet Telekommunikation GmbH und QSC AG.

Bezüglich der Investitionen in das Breitbandkabelnetz erfolgt eine technische und wirtschaftliche Bewertung der fünf größten deutschen Kabelnetzbetreiber, Kabel Deutschland, Kabel BW, Unity Media Gruppe, Orion Cable GmbH und PrimaCom AG, hinsichtlich der verschiedenen Aufrüstungskonzepte. Bezüglich der drahtlosen Infrastruktur konzentrieren sich die Betrachtungen zum größten Teil auf WiMAX,

Mobile Breitbandanschlüsse auf Basis von UMTS werden weniger ausführlich betrachtet.

Die wirtschaftlichen Untersuchungen (Fallbeispiele) fokussieren sich auf die Investitionen der DTAG in die VDSL Infrastruktur und auf das von der DBD geplante WiMAX Netz in Dresden. Dabei kommt das Modell des integrativen Ansatzes zur Bestimmung der Kapitalkosten von Telekommunikationsunternehmen zum Einsatz. Für die Betrachtungen wurden die getroffenen Annahmen so weit wie möglich der Realität angepasst. In beiden Fällen wurde die Entwicklung der Teilnehmeranschlusszahlen über einen längeren Zeitraum beobachtet. Dabei kam es zu einer schrittweisen Penetration der Anschlusszahlen. Aus den Untersuchungen wird geschlussfolgert, dass die Investitionen in die Telekommunikationsnetz auf der „Letzten Meile" den Wettbewerb in den nächsten Jahren noch weiter verschärfen werden. Jedoch sind nur mit der bloßen Bereitstellung der Teilnehmerzugänge nur unter optimalen Bedingungen Gewinne bei den Unternehmen möglich. Die wirtschaftlichen Betrachtungen zeigen auf, dass bei den Anbietern hohe Verluste zu erwarten sind. Betroffen sind nach eigenen Erkenntnissen alle Infrastrukturen die näher untersucht wurden. Gerade bei dem VDSL Netz der DTAG werden sich die Investitionen bei idealen Penetrationsraten in den nächsten drei Jahren nicht amortisieren.

Auch im zweiten Fallbeispiel des geplanten Dresdner WiMAX Netzes zeichnet sich keine positive Ertragssituation für die nächsten Jahre ab. Als Grund dafür wurden die hohen Anschaffungskosten der Empfangsgeräte identifiziert.

Zwar werden die Zugangsnetze in der „Letzten Meile" durch die Investitionen hinsichtlich der Datenübertragungsraten bedeutend leistungsfähiger, es muss den Anbietern aber gelingen weitere Erlösquellen zu erschließen. Große Hoffnungen werden in Triple Play gesetzt. Die Nachfrage danach ist zum gegenwärtigen Zeitpunkt nicht abschätzbar.

.

Abstract

The future of the telecommunication sector is based on the access to broadband connections. This document analyzes the technical characteristics and functions of the different broadband infrastructures, which are currently available in Germany. Thereby focusing the offer of German companies in the sector of the "Last Mile" infrastructure for private customers. The document contains a market share overview of the companies and analyzes their investment policies and amounts and compares the results. Within two business cases the relation between the amortization of the investments and the penetration rates are investigated. The first case discusses the new VDSL infrastructure that is actually building up in more than fifty cities in Germany by the telecommunication company Deutsche Telecom AG. For this investment the company is planning an amount of about three billion euro. This German leader wants to offer the highest broadband applications like VoIP, broadband Internet and IPTV. Actually there exists a competition between German telephone and cable companies for these applications. The second case investigates the WiMAX infrastructure that is planned and being built up in Dresden by Deutsche Breitbanddienste. The results of this will be discussed, analyzed and used for forecasting the development of German infrastructure companies.

Inhaltsverzeichnis ·

Abbildungsverzeichnis

Tabellenverzeichnis

Abkürzungsverzeichnis

ADSL	-	Asymmetric Digital Subscriber Line
AG	-	Aktiengesellschaft
APL	-	Abschlusspunkt Linientechnik
AON	-	Aktiv optische Netze
BITKOM	-	Bundesverband Informationswirtschaft, Telekommunikation und neue Medien
bBKVrSt	-	benutzerseitige BK-Verstärkerstelle
BK	-	Breitbandkabel
BKVtSt	-	BK-Verteilstelle
BMWA	-	Bundesministerium für Wirtschaft und Arbeit
BREKO	-	Bundesverband Breitbandkommunikation e.V.
BNA	-	Bundesnetzagentur
CPE	-	Customer Premise Equipment
DIVO	-	Digitale Vermittlungsstelle Ortsnetz
DSL	-	Digital Subscriber Line
DSLAM	-	Digital Subscriber Line Access Multiplexer
DTAG	-	Deutsche Telekom AG
EDA	-	Ethernet DSL Access
EVz	-	Endverzweiger
FAG	-	Fernmeldeabsatzgesetz

FFTB	-	Fiber To The Building/Basement
FFTC	-	Fiber To The Curb
FFTx	-	Fiber To The Ex
FITL	-	Fiber in the Loop
FTTH	-	Fiber to the home
GmbH	-	Gesellschaft mit beschränkter Haftung
GfVrP	-	Glasfaserverstärkerpunkte
HFC	-	Hybrid-Fiber-Coaxial
HÜP	-	Hausübergabepunkte
HVt	-	Hauptverteiler
IEEE	-	Institute of Electrical and Electronics Engineers
IPTV	-	Internet Protocol Television
ISDN	-	Integrated Services Digital Network
ISP	-	Internet Service Provider
ITU	-	International Telecommunication Union
Kabel BW	-	Kabel Baden- Württemberg
KG	-	Kommanditgesellschaft
LOS	-	Line of Sight
ME	-	Mobile Equipment
MHz	-	Megahertz

Mio.	-	Millionen
Mrd.	-	Milliarden
NE	-	Netzebene
NLOS	-	None Line of Sight
OLD	-	Optical Line Distribution
OLT	-	Optical Line Termination
ONT	-	Optical Network Termination
ONU	-	Optical Network Unit
OPAL	-	Optische Anschlussleitung
PC	-	Personal Computer
PLC	-	Powerline Communication
PCMCIA	-	Personal Computer Memory Card International Association
PMP	-	Point to Multipoint
PON	-	Passive Optische Netze
PTP	-	Point to Point
QoS	-	Quality of Service
RLT	-	Raumlufttechnik
SDHL	-	Symmetric Digital Subscriber Line
TAE	-	Teilnehmeranschlusseinheit
TAL	-	Teilnehmeranschlussleitung

TKG	-	Telekommunikationsgesetz
TVSt	-	Teilnehmervermittlungsstelle
üBKVrSt	-	übergeordnete Bk-Verstärkerstellen
UBR	-	Unspecified Bit Rate
UE	-	User Equipment
UMTS	-	Universal Mobile Telecommunication System
UTRAN	-	UMTS Terrestrial Radio Access Network
VATM	-	Verband der Anbieter von Telekommunikations- und Mehrwertdiensten
VBR	-	Variable Bit Rate
VDSL	-	Very High Speed Digital Subscriber Line
VoIP	-	Voice over IP
VrP	-	Verstärkerpunkt
WiMAX	-	Worldwide Interoperability for Microwave Access
WIK	-	Wissenschaftliches Institut für Kommunikationsdienste
WiBro	-	Wireless Broadband
WLAN		Wireless Local Area Network
WLL	-	Wireless Local Loop

Symbolverzeichnis

Symbol		(Symbolerklärung)
A_0	-	Anschaffungskosten
Ann^{WIK}	-	Annuität
j	-	Preisänderungsrate
k	-	Kapitalkostenfaktor
l	-	Zinssatz
T	-	ökonomische Nutzungsdauer einer Anlage in Jahren

1 Einleitung

Mit dem „Grünbuch über die Entwicklung des gemeinsamen Marktes für Telekommunikationsdienstleistungen und Telekommunikationsgeräte" begann die Liberalisierung des Telekommunikationssektors. Damit sollte durch eine schrittweise Marktöffnung, der Antrieb für neue Dienstleistungen und die Implementierung eines Infrastrukturwettbewerbes bzw. die Sicherung des Zugangs zur Netzinfrastruktur der staatlichen Telekommunikationsgesellschaften gegeben werden. [1]

Der deutsche Telekommunikationsmarkt hat sich seit der Liberalisierung im Jahr 1998 als einer der dynamischsten Märkte in vielerlei Hinsicht gezeigt, sowohl die stark angestiegene Zahl an Wettbewerbern, die Entwicklung des Umsatzwachstums als auch die Diffusion an technischen Innovationen hat sich seitdem rasant entwickelt. Ein Bereich der Telekommunikation, indem die Liberalisierung des Marktes bisher nur wenig Dynamik entfaltet hat, ist die Teilnehmeranschlussleitung, die so genannte „Letzte Meile".

Ein Merkmal des Telekommunikationsmarktes ist, dass er sich vor der Liberalisierung, als ein Markt mit einem vorherrschenden Anbieter, dem ehemaligen staatlichen Monopolisten, darstellte. Beginnend mit der Liberalisierung offenbarte sich das Bestehen von unterscheidbaren vor- und nachgelagerten Märkten. Auf den nachgelagerten Märkten werden die so genannten Endprodukte gehandelt. Hierbei handelt es sich um Telekommunikationsdienste, die von den Teilnehmern (Kunden) in Anspruch genommen werden. Die vorgelagerten Dienste werden als Input-Märkte verstanden. Neben Vorleistungen zählt hierzu vor allem die Bereitstellung der Netzinfrastruktur. Der ehemalige Monopolist im deutschen Telekommunikationsmarkt, die Deutsche Telekom AG (DTAG), muss seit der Liberalisierung neuen Wettbewerbern den Zugang zum Netz gewähren. Dies schließt auch die Teilnehmeranschlussleitung (TAL) mit ein. Die Infrastruktur der TAL basiert auf dem Telefonkabel in Form von Kupferdrähten in den Zugangsnetzen, welche sich fast ausschließlich im Besitz der DTAG befinden und sie dadurch immer noch ein Monopol aufweist.

---

[1] vgl. LENZ (1999), S. 38.

Durch rasante technische Entwicklungen können die Kupferdrähte nicht nur für den klassischen Telekommunikationsdienst der Sprachübertragung sondern für auch Datenübertragungen und damit den Zugang zum Internet genutzt werden. Das Internet wird bereits von 58% der Bevölkerung regelmäßig in Anspruch genommen. Ein Drittel verfügt über einen schnellen Teilnehmerzugang, einen so genannten breitbandigen Anschluss. Die Sicherung der Wettbewerbsfähigkeit von Unternehmen bzw. die Anforderungen die eine moderne Gesellschaft stellt, hängen erheblich von dem Zugang zu schnellen Breitbandanschlüssen ab. Wobei diese zu über 95% noch über die Kupferdrähte im Telefonnetz realisiert werden. Dadurch befinden sich die Anbieter der Breitbandanschlüsse immer noch in großer Abhängigkeit von der DTAG.

Die vorliegende Diplomarbeit untersucht die Struktur der Anbieter von Breitbandanschlüssen unter technischen und wirtschaftlichen Gesichtspunkten. Welche Infrastrukturen kommen bei der Teilnehmeranschlussleitung zum Einsatz? Auf welche Infrastrukturen konzentrierten die Anbieter ihre Investitionen und welche technischen Merkmale besitzen diese? Sind die Anbieter mit ihrer Infrastruktur, dem steigenden Privatkunden-Breitbandmarkt gewachsen? Gerade den Begriffen VDSL und WiMAX wurden im Jahr 2006 große Aufmerksamkeiten geschenkt. Einerseits begann die Deutsche Telekom AG mit dem Bau einer VDSL Infrastruktur in 50 ausgewählten Ballungsgebieten Deutschlands. Auf der anderen Seite startete im gleichen Jahr die Vergabe neuer Funkfrequenzen des IEEE Standard 802.16.-2004d, der die Nutzung von WiMAX Technologie in der „Letzten Meile" ermöglicht. Die bereits erfolgten bzw. geplanten Investitionen in diese Infrastrukturen werden anhand von Fallbeispielen näher untersucht. Ziel ist es aufgrund gewonnener Ergebnisse die Erfolgsaussichten zu beurteilen. Als schwierig stellte sich bei den Untersuchungen die Informationspolitik der Unternehmen heraus. Gerade zu der umstrittenen VDSL Problematik existierten widersprüchliche Angaben seitens der Deutschen Telekom AG. Die von dem Unternehmen in der Öffentlichkeit getätigten Aussagen zu geplanten und bereits erfolgten Infrastrukturkomponenten standen in keiner Relation bezüglich der angegeben Investitionssummen und den marktüblichen Kosten für die Komponenten. Vermutlich können hier taktische Gründe als Ursache genannt werden. Die DTAG wusste bereits frühzeitig von der Unterstützung seitens der Bundesregierung und baute das Netz weiter aus. Da sich immer noch 32,7% der

DTAG Aktien im Besitz von staatlichen Institutionen befinden, kann eine gewisse Affinität zum Konzern nahe gelegt werden.

Erst zum Ende der Bearbeitungszeit für diese Diplomarbeit konnten, aufgrund der Studie des Wissenschaftlichen Institutes für Kommunikationsdienste (WIK) über „Technische und ökonomische Aspekt des VDSL-Ausbaus", wichtige Erkenntnisse für die Diplomarbeit gewonnen werden.

Um in der „Letzten Meile" breitbandige Anschlüsse anbieten zu können, bedarf es umfangreicher Investitionen in die vorgelagerten Bestandteile der Netzinfrastrukturen. Der als Backbone bekannte verbindende Kernbereich der Netzinfrastruktur ist nicht Gegenstand dieser Arbeit, da es aufgrund der Komplexität weit über den Rahmen der Betrachtungen hinausgehen würde.

2 Vorgehensweise bei der Diplomarbeit

Bei der vorliegenden Diplomarbeit erfolgt zunächst die Einordnung im Telekommunikationsmarkt und –gesetz. Nach einer kritischen Auseinandersetzung mit der Universaldienstverordnung folgen Definitionen und Begriffserklärungen zum Thema Breitband. Anschließend werden die einzelnen Anbieter klassifiziert. Im nächsten Kapitel werden die einzelnen Infrastrukturen hinsichtlich ihrer Komponenten und des Aufbaus näher erläutert.

Des Weiteren werden die Eigenschaften der unterschiedlichen Zugangstechnologien und Übertragungsmedien auf der „Letzten Meile" vorgestellt und es wird der Anteil an den bereits bestehenden Breitbandanschlüssen dargestellt. Nachfolgend wird die aktuelle Wettbewerbssituation auf dem Privatkunden- Breitbandmarkt näher erläutert.

Anschließend erfolgt eine Übersicht über die Telekommunikationsinfrastruktur und es wird das Ranking von Deutschland bezüglich der Breitbandpenetration im internationalen Vergleich untersucht.

Im praktischen Teil der Arbeit, werden neben den Investitionen der einzelnen Wettbewerber, zwei Fallbeispiele basierend auf Daten verschiedener Studien und selbst getroffenen Annahmen näher untersucht.

3 Einordnung und Begriffserklärungen

Das Kapitel erörtert die Einordnung des Untersuchungsgegenstandes im Telekommunikationsmarkt und –gesetz. Des Weiteren wird die Position der Breitbandanschlüsse bezüglich der Universaldienstverordnung näher betrachtet. Die Definition von Breitband, sowie die Begriffe Datenübertragung, Breitbandanwendungen und Qualitätskriterien werden erläutert. Zum Schluss erfolgt die Untersuchung der aktuell am Markt tätigen Anbieter von Breitbandanschlüssen für private Teilnehmer.[2]

3.1 Einordnung des Untersuchungsgegenstandes

Gemäß dem Poststrukturgesetz vom 8. Juni 1989 wird die Telekommunikation in die Telefonie, die Telegrafie, in das technische Equipment des Hörfunks und Fernsehens sowie in die Datenkommunikation und –verarbeitung eingeteilt.[3] Unterteilt man nach dieser Definition die Märkte der Telekommunikation, so lässt sich nach WELFENS/GRAACK der Telekommunikationssektor in drei Segmente gliedern (vgl. Abb.1).[4]

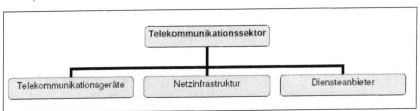

Abb. 1: Gliederung des Telekommunikationssektors
[Quelle: Welfens (1994), S.18]

3.2 Telekommunikationsgesetz (TKG)

Im deutschen Telekommunikationsgesetz (TKG) vom 26.6.2004 sind wichtige gesetzliche Regelungen für den Telekommunikationssektor formuliert.[5] Das TKG dient zur Umsetzung mehrerer europäischer Richtlinien. Zweck dieses Gesetzes ist

---

[2] Die Begriffe Teilnehmer/Kunde/Haushalt werden synonym verwendet.

[3] vgl. SIEBERT, H. (1995), S.25.

[4] vgl. WELFENS/GRAACK (1994), S.18.

[5] vgl. BUNDESRECHT (2004).

die technologieneutrale Regulierung des Wettbewerbes im Bereich der Telekommunikation, die Förderung von leistungsfähigen Telekommunikationsinfrastrukturen und die Gewährleistung angemessener, flächendeckender und ausreichender Dienstleistungen.[6] Es sollen effiziente Infrastrukturinvestitionen und die Unterstützung von Innovationen gefördert werden.[7] Gemäß § 3 Abs.27 TKG entspricht das Telekommunikationsnetz und damit die Netzinfrastruktur der Gesamtheit aller Übertragungssysteme und gegebenenfalls Vermittlungs- und Leitungswegeinrichtungen, welche die Übertragung von elektrischen oder optischen Signalen über Leitungsgebundene oder Drahtlose Einrichtungen ermöglicht. Dazu gehören auch Satellitennetze, feste und mobile terrestrische Netze, sowie Stromleitungssysteme inklusive der Verteilnetze, sofern sie für die Signalübertragung genutzt werden können.[8] Weiterhin sind im § 3 Abs. 28 TKG die so genannten "Übertragungswege" als Telekommunikationsanlagen in Form von Kabel- oder Funkverbindungen definiert. Dies sind technische Einrichtungen, die als Punkt zu- Punkt oder Punkt- zu- Mehrpunktverbindungen mit einem bestimmten Informationsdurchsatzvermögen (Bandbreite oder Bitrate) abgegrenzt werden.[9]

Basierend auf der Netzinfrastruktur können als Übertragungsmedium Kupferkabel in Form von Kupferdoppeladern, Glasfaserleitungen[10] - auch als Kombination von Glasfaser und Kupfer als hybride Teilnehmeranschlussleitung (vgl. 4.1), Kupferkoaxialkabel in aufgerüsteten, rückkanalfähigen Kabelfernsehnetzen, Stromkabeln (Powerline) und als drahtloser Teilnehmeranschluss in Form von Mobilfunkanschlüssen oder Punkt- zu Mehrpunktverbindungen genutzt werden (vgl. Abb. 2).

---

[6]   vgl. ders. § 1.Bundesrecht (2004)

[7]   vgl. ders. § 2 Abs.2 S. 2. Bundesrecht (2004)

[8]   vgl. BUNDESRECHT (2004), S. 1194.

[9]   vgl. ders.

[10]   Die Begriffe Glasfaserkabel und Lichtwellenleiter werden synonym verwendet.

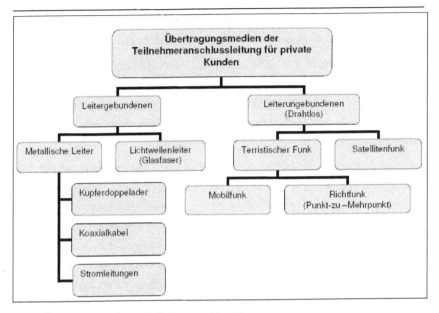

Abb. 2: Übertragungsmedien der Teilnehmeranschlussleitungen

[Quelle: in Anlehnung an: Siegel (2006)]

Ein leitungsungebundener (drahtloser) Teilnehmeranschluss, ist sowohl mittels Punkt- zu- Mehrpunkt-Verbindungen als auch über eine Verbindung im Mobilfunknetz bzw. Satellitenfunknetz realisierbar.[11] Bei Stromleitungen (Powerline Communication-PLC) kommt eine spezielle Übertragungstechnik über das Stromnetz bis zu den Endkunden zum Einsatz. Des Weiteren ist die unterste Netzebene (NE 4) bei Breitbandkabelnetzen als „Letzte Meile" zu betrachten.

3.3 Universaldienstverpflichtung

Unter der Universaldienstverpflichtung versteht man die Verpflichtung eines oder mehrerer Betreiber von elektronischen Kommunikationsnetzen –und diensten, allen Nutzern, unabhängig von ihrem geografischen Standort, in dem betreffenden Land ein bestimmtes Mindestpaket qualitativ hochwertiger Dienste, zu erschwingbaren Preisen zur Verfügung zu stellen. Wettbewerbsverzerrungen sollen dabei vermieden

---

[11] vgl. BNA - BUNDESNETZAGENTUR (2001), S. 8.

werden. Des Weiteren werden die Rechte der Nutzer und die jeweiligen Pflichten der Betreiber öffentlicher elektronischer Kommunikationsnetze und -dienste festgelegt.[12]

Nach § 8 der Richtlinie 2002/22/EG vom 07.03.2002 ist eine der grundlegenden Anforderungen an den Universaldienst, den Nutzern nach Antragstellung einen Anschluss an das öffentliche Telefonnetz zur Verfügung zu stellen. Diese Anforderung ist auf einen einzelnen Telefonanschluss begrenzt und erstreckt sich nicht auf das Dienstintegrierende Digitale Netz (ISDN).[13]

Aufgrund der steigenden Penetrationsraten im europaweiten Markt der Breitbandanschlüsse wurde von der Europäischen Kommission eine Untersuchung durchgeführt, welche die Erweiterung des Universaldienstes um Breitbandanschlüsse zum Inhalt hatte. Das Fehlen der zwingend erforderlichen Voraussetzung, der mehrheitlichen Nutzung der Anschlüsse durch die Verbraucher, begründete die Ablehnung dieses Vorhabens.[14] Änderungen der Universaldienstleistung bezüglich breitbandiger Internetzugänge erschienen auch der Bundesnetzagentur nicht geboten.[15] Nach WELFENS könnte ein breitbandiger Teilnehmeranschluss, definiert nach bestimmten Qualitätsmerkmalen, beispielsweise auch über das Breitbandkabelnetz oder über Mobilfunkanschlüsse angeboten werden. Unter ökonomischen Effizienz- bzw. Kostenkriterien besteht die Möglichkeit, die jeweils günstigste Anschlussart auszuwählen und diese über einen Universaldienstfond quer zu subventionieren.[16] WELFENS schlägt des Weiteren vor, dass innerhalb der EU-Rahmenregulierung es erneut geprüft werden soll, Universaldienste mit breitbandigen Merkmalen auszustatten.[17] Da die Zahl der Anschlüsse allein in den letzten zwei Jahren rasant angestiegen ist, sollte die EU-Rahmenregulierung mindestens einmal im Jahr geprüft werden.

---

[12] vgl. EUROPA – ZUSAMMENFASSUNGEN DER GESETZGEBUNG (2006).

[13] vgl. EUR LEX DER ZUGANG ZUM EU - RECHT (2002).

[14] vgl. BNA - BUNDESNETZAGENTUR (2005b), S. 70.

[15] vgl. ders., S. 71.

[16] vgl. WELFENS, P. J.J. (2006), S. 43.

[17] vgl. ders., S. 44.

3.4 Breitbandbegriff und Datenübertragungen

Die Definitionen von Breitband differieren in den verschiedenen Telekommunikationsmärkten teilweise sehr stark. Es gestaltet sich als schwierig eine allgemein gültige Definition festzulegen, da diese vom aktuellen Stand der Technik in dem jeweiligen Markt abhängig ist. Es lässt sich jedoch feststellen, dass Breitband prinzipiell mit hohen Übertragungsraten (Bandbreiten) assoziiert wird. Darunter versteht man die Kapazität des Anschlusses mit dem eine bestimmte Menge an Informationen übertragen werden können. Die minimalen Anforderungen für einen breitbandigen Netzzugang sind bei Übertragungsraten von mehr als 0,128 MBit/s im Down– und Upstreambereich gegeben.[18] Damit liegen die Übertragungsraten mindestens über denen von ISDN, wenn beide Kanäle gleichzeitig verwendet werden. Im weiteren Verlauf der Arbeit werden die Minimalanforderungen als Breitbanddefinition bezeichnet.

Anzumerken ist an dieser Stelle das UMTS zwar nicht die minimale Geschwindigkeit in Abwärtsrichtung erreicht, da lediglich max. 0,064 MBit/s realisierbar sind, dieses System jedoch als Breitbandtechnologie angesehen wird, da auf Basis der UMTS Infrastruktur Anschlüsse realisiert werden können die der Breitbanddefinition entsprechen (vgl. Tz. 4.5.1).

Um die Datenübertragungsraten auf den jeweiligen Infrastrukturen zu ereichen werden unterschiedliche Frequenzbänder auf dem von der ITU standardisierten elektromagnetischen Spektrum genutzt (vgl. Anhang 1). Der im Allgemeinen für die Telekommunikation interessante Abschnitt reicht von einer Frequenz ab etwa 10 kHz, für die drahtgebundene Kommunikation, bis zum ultravioletten Bereich (10^{15} Hz) bei der Datenübertragung über Lichtwellenleiter. Mit der Trägerfrequenz wächst die nutzbare Übertragungsbandbreite. Von daher sind insbesondere die hochfrequenten Bänder für die Übertragung breitbandiger Signale geeignet.

---

[18] vgl. BNA - BUNDESNETZAGENTUR (2005b)

3.5 Breitbandanwendungen

Ein Großteil der Breitbandanwendungen wird heutzutage bereits in weiten Teilen der Bevölkerung für private Zwecke, von Unternehmen und der öffentlichen Verwaltung zur Informationsbeschaffung, -verarbeitung und -verbreitung eingesetzt (vgl. Anhang 2). Darüber hinaus rücken Anwendungen die mit breitbandigen Teilnehmerzugängen realisiert werden können immer stärker in den Fokus der Anbieter von Telekommunikationsdiensten (TK-Dienste). Besonders Triple Play Anwendungen, die aus einer Kombination von breitbandigen Internetzugängen, Telefondiensten und TV bestehen, benötigen Teilnehmerzugänge die auf leistungsfähigen Infrastrukturen basieren. Für die jeweiligen Anwendungen sind unterschiedliche Qualitätsmerkmale von Bedeutung. Sie sind unter anderem von den spezifischen Leistungsmerkmalen der Infrastruktur abhängig. Im Folgenden werden die Breitbandanschlüsse hinsichtlich unterschiedlicher Qualitätskriterien kategorisiert und näher erläutert.

3.6 Qualitätskriterien

Die Qualitätskriterien (Quality of Service- QoS) sind je nach Art und Weise der Nutzung von Breitbandanschlüssen für die Endkunden von unterschiedlicher Bedeutung. Für Anwendungen wie E-Mail Verkehr oder Datentransfers ist ein hoher Quality of Service eher von untergeordneter Relevanz. Nutzt der Kunde seinen Anschluss z.B. für Online-Gaming oder VoIP (Voice over Internet Protocol), sind Qualitätskriterien wie VBR (Variable Bit Rate) Realtime oder Latenzzeit von Relevanz (vgl. Anhang 3). Zum Beispiel wird bei VoIP eine Latenzzeit von über 150 ms schon von den Kunden als störend empfunden. Höhere QoS Anforderungen werden bei den Triple Play Diensten wie z.B. IPTV gestellt, wo bereits bei einer Paketverlustrate (Cell Lost Ratio) von 5% eine signifikante Beeinträchtigung des Bildes verursacht wird. Gerade Triple Play verlangt von den Netzbetreibern ein fehlerfreies Funktionieren bei der Überwachung von Netzkomponenten und -strukturen und ist nicht vergleichbar mit herkömmlichen Anwendungen, wie das Herunterladen von Dokumenten oder die Versendung von E-Mails, die mittels breitbandigen Anschlüssen genutzt werden. Infrastrukturen, welche Triple Play unterstützen, besitzen eine höher Komplexität und erfordern ein effektives Bandbreiten- und Qualitätskriterienmanagement mit entsprechender Priorisierung der Daten. Für die Überwachung der Dienste müssen Testköpfe (Probes) an strategischen Punkten im Netz installiert werden. Passiv überwachen diese die Netzaktivitäten oder testen den entsprechenden Dienst auf der aktiven Seite. Beispielsweise wurde anhand von Business Cases belegt, dass Test- und Diagnosesysteme positive Auswirkungen auf die Betriebsausgaben der Netzbetreiber haben. Dadurch konnten für jeden investierten Euro Einsparungen in Höhe von sechs Euro erzielt werden.[19]

3.7 Nachfrage auf dem Breitbandmarkt

In der Studie „Deutschland Online 3" werden verschiedene Anwendungen für den privaten Bereich als Antriebsfaktoren für den Breitbandmarkt der Zukunft angegeben (vgl. Abb. 3).[20] Fachleute sehen dabei in VoIP, Video on Demand und Triple Play die Dienste, welche bei dem Endverbraucher mit Breitbandanschluss zukünftig am stärksten nachgefragt werden.[21]

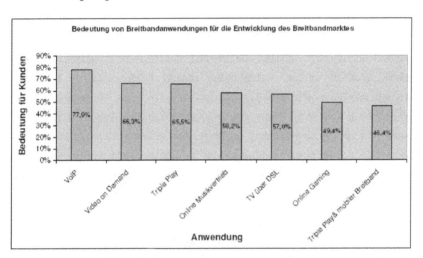

Abb. 3: Treiber für die zukünftige Entwicklung des Breitbandmarktes
[eigene Darstellung]

Ebenfalls gelten Netzeffekte als weitere Antriebsfaktoren für Breitbandanschlüsse. Denn je mehr Teilnehmer einen breitbandigen Anschluss nutzen, desto größer ist die Vernetzung der Nutzer untereinander. Es können zwischen einer höheren Anzahl von Teilnehmern mehr Informationen ausgetauscht werden. Diesbezüglich erhöht

---

[19] vgl. KLENK, T. (2006), S. 43.

[20] Hinweis: nicht alle genannten Anwendungen werden in der Grafik berücksichtigt und es sind Mehrfachnennungen möglich.

[21] vgl. STUDIE DEUTSCHLAND ONLINE 3

sich ebenfalls der Nutzen für jeden einzelnen Teilnehmer. Besonders deutlich lassen sich die Netzeffekte bei Online Gaming oder Chats feststellen.[22] Ein weiteres Kriterium für die schnelle Verbreitung von Breitbandtechnologien und -anschlüssen ist ein funktionierender Wettbewerb zwischen den Infrastrukturen (intermodal) und den Diensten (intramodal).[23] Entscheidend sind Partnerschaften zwischen den Inhalteanbietern, Betreiber der Breitbandinfrastrukturen und Internet Service Providern.[24] Basierend darauf steigen voraussichtlich die Anforderungen der Infrastruktur hinsichtlich der Übertragungsraten. Für Deutschland wird bis 2015 ein Bedarf bei privaten Nutzern mit durchschnittlichen Übertragungsraten von bis 100 MBit/s im Downstream prognostiziert.[25]

3.8 Anbieter von Breitbandanschlüssen

Prinzipiell können die Anbieter von Breitbandanschlüssen in Netzbetreiber und Reseller unterteilt werden. Netzbetreiber können Telefon-, Kabel-, Mobilfunk-, Satelliten- und Stromnetze betreiben und darüber breitbandige Anschlüsse anbieten. Darüber hinaus können sie Dritten ihre TK-Dienste zum Weiterverkauf unter eigenen Namen und auf eigene Rechnung an Endkunden ermöglichen, dass so genannte Resale.[26] VOGELSANG bezeichnet Resale[27] als die Inanspruchnahme einer Vorleistung auf der höchsten Stufe der Wertschöpfung und stellt Resale praktisch als einen Dienstewettbewerb dar.

Die Möglichkeit für eine Verpflichtung von Resale durch Unternehmen mit beträchtlicher Marktmacht wurde im Jahr 2004 durch die Änderung im TKG geschaffen. Zu Resale in Deutschland ist demnach die DTAG verpflichtet. Für andere Unternehmen gilt dies nicht. Zwar werden seit einigen Jahren auch Mobilfunkanschlüsse auf Basis von Resale den Endkunden angeboten, jedoch sind die breitbandigen Teilnehmeranschlüsse auf Mobilfunkbasis (hier UMTS) bisher von

---

[22] vgl. Studie Rahmenbedingungen für eine Breitbandoffensive in Deutschland, S.:7.

[23] vgl. BUNDESMINISTERIUM FÜR WIRTSCHAFT UND ARBEIT, Z 1.

[24] vgl. ARTHUR D. LITTLE (2005).

[25] vgl. ONLINEKOSTEN (2005).

[26] § 21 Abs.2 Nr.3 TKG (2004).

[27] Die Begriffe Reseller/Wiederverkäufer bzw. Resale/ Wiederverkauf werden synonym verwendet.

marginaler Bedeutung (vgl. Tz. 7.5). Insgesamt beschränkt sich Resale auf das Telefon- und das Mobilfunknetz. Telefonanschlüsse die über das Kabelnetz angeboten werden, besitzen hierbei keine Relevanz. Bisher sind keine Kabelnetzbetreibern mit Resalangeboten bekannt.

Der Preis eines Resaleproduktes, den ein Wiederverkäufer an die DTAG entrichten muss, orientiert sich an den Endnutzerentgelt minus eines Abschlages, der einem effizienten Reseller die Erzielung angemessener Gewinne erlaubt und gleichzeitig beim Anbieter zu Entgelten führt, die mindestens den Kosten der effizienten Leistungserstellung entsprechen.[28] Aktuell beträgt der Abschlag auf den Verkaufspreis bei der Kupferdoppelader mindestens 11,5% und steigt mit zunehmender Stückzahl an.[29]

Der geschätzte Marktanteil von Resellern bei Breitbandanschlüssen beläuft sich zum Ende des Jahres 2006 auf 23,1% bzw. 3,6 Mio. Anschlüsse. Da diese alle von der DTAG betrieben werden und das Unternehmen bei den unter eigenen Namen vertrieben Breitbandanschlüssen zusätzlich eine Anteil von 44,2% besitzt, kontrolliert das ehemalige Staatsunternehmen über 10,5 Mio. breitbandige Teilnehmerzugänge in Deutschland.[30]

Im Gegensatz dazu besitzen die Wettbewerber mit alternativen Infrastrukturen lediglich einen Marktanteil von 28,2%. Es handelt sich zum größten Teil um Unternehmen die nur eine monatliche Miete für die Teilnehmeranschlussleitung an die DTAG entrichten. Dabei ist es unerheblich, zu welchem Preis der Alternativanbieter seinen Tarif an die eigenen Kunden verkauft, die Miete beträgt 10,65 Euro. Zusätzlich fallen weitere Kosten in Form von einmaligen Bereitstellungsentgelten an. Je nach Laufzeit des Vertrages ergibt sich für eine Teilnehmeranschlussleitung ein Gesamtbetrag in Höhe von 16,15 Euro für 12 Monate bzw. 13,40 und 12,48 Euro bei einer Dauer von 24 und 36 Monaten.[31]

Seit Mitte 2005 bieten die ehemals reinen Reseller von Mobilfunkanschlüssen zunehmend auch den Wiederverkauf von Breitbandanschlüsse auf Basis der

---

[28] vgl. § 30 Abs.5 TKG (2004).

[29] vgl. HEISE ONLINE (2006c).

[30] vgl. VATM (2006b).

[31] vgl. PIEPENBROCK/SCHUSTER (2005), S. 11.

Kupferdoppelader an. Als Beispiel werden die Unternehmen Debitel AG und Mobilcom Communicationstechnik GmbH kurz näher betrachtet. Beide Unternehmen bieten UMTS bzw. DSL Anschlüsse an. Die angebotenen UMTS Anschlüsse basieren auf den Infrastrukturen der Mobilfunknetzbetreiber.[32] Bei den Breitbandschlüssen existieren jedoch folgende Unterschiede: Die debitel AG bietet DSL Anschlüsse von Festnetzbetreibern an. Dagegen verkauft Mobilcom seinen Kunden DSL Anschlüsse[33] der eigenen Internettochter freenet AG mit deren eine Fusion geplant ist.[34] Die freenet AG ist ein Reseller von DSL Produkten der DTAG.

Seit Oktober 2006 bietet Vodafone Deutschland seinen Kunden zunächst auch DSL Festnetzanschlüsse mit Übertragungsgeschwindigkeiten bis zu 2 MBit/s an. Bedingung für Erwerb ist das Vorhandensein oder der Erwerb eines Vodafone Kombi Zuhause oder Vodafone Talk 24 Tarifs, wodurch weitere Kosten entstehen. Kooperationspartner ist die eigene Festnetztochter Arcor.[35] Ebenfalls bietet O2 DSL Festnetzanschlüsse an. Potentielle Kunden müssen im Gegensatz zu Vodafone keinen Mobilfunk Laufzeitvertrag bei dem Unternehmen besitzen. Für die Infrastruktur wird auf das Netz der spanischen Muttergesellschaft Telefonica zurückgegriffen.

Anhand dieser Beispiele können Veränderungen hinsichtlich des Resalemarktes beobachtet werden. Ehemals reine Reseller von Mobilfunkanschlüssen beginnen mit dem Wiederverkauf von festnetzbasierenden Breitbandanschlüsse. Hier versuchen die Mobilfunkreseller aufgrund der Marktsättigung bei Mobilfunkanschlüssen, sich neue Geschäftsfelder zu erschließen. Ehemalige Mobilfunknetzbetreiber ergänzen ihr Angebot und bieten DSL Produkte an.

---

[32] Da die O2 Germany GmbH sein UMTS Angebot erst im Dezember 2006 startete, erfolgten vermutlich noch keine UMTS Angebote über die Mobilfunkreseller.

[33] vgl. MOBILCOM (2006)

[34] vgl. ONLINEKOSTEN (2006e).

[35] vgl. NETZWELT (2006).

4 Teilnehmeranschlussleitungen

Das folgende Kapitel gibt eine Übersicht der verschiedenen Infrastrukturen auf der „Letzten Meile" erläutert die verschiedenen Formen der Teilnehmeranschlussleitungen und deren Aufbau bzw. Komponenten.

4.1 Festnetz

Unter einem Festnetz versteht man ein Fernsprechnetz mit stationären Fernsprechendeinrichtungen. Es wurde ursprünglich für die Sprachkommunikation konzipiert.[36] Weiterhin erfolgt eine Unterteilung in Orts- und Fernnetz.[37] Bei den nachfolgenden Betrachtungen nur die Infrastruktur des Ortsnetzes von Relevanz. Hier fallen ca. 70 % aller Investitionen für ein Telekommunikationsnetz an.[38]

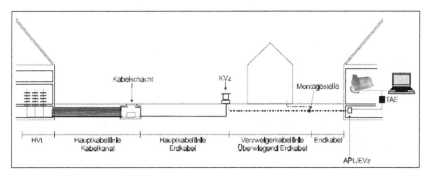

Abb. 4: Bestandteile der TAL im Festnetz
[Quelle: WIK (2000), S.6]

Für die breitbandige Datenkommunikation müssen an beiden Enden des Teilnehmeranschlussbereiches die notwendigen technischen Einrichtungen vorhanden sein. Bei der Datenübertragung mittels Kupferdoppelader entspricht dies auf der Kundenseite einem DSL-Modem mit einem Splitter, welcher das Frequenzspektrum in zwei Bereiche für Telefonie und für Datenübertragung aufteilt. Auf der Teilnehmerbetreiberseite ist ein DSLAM (Digital Subscriber Line Access Multiplexer) notwendig. Dieser befindet sich in der Regel in der

---

[36] vgl. IT - WISSEN (2006b).

[37] vgl. SIEGMUND, G. (2002).

[38] vgl. ders. S. 203ff.

Teilnehmervermittlungsstelle (TVSt) und sammelt bzw. verteilt auf der örtlichen Ebene den Datenverkehr.[39] Die „Letzten Meile" im Festnetz setzt sich aus folgenden Bestandteilen zusammen:

> Hauptverteiler (HVt) mit DSLAM in der Teilnehmervermittlungstelle bzw. im Kollokationsraum der Wettbewerber.

> Hauptkabel mit 150 bis 1000 Kupferdoppeladern (Ø 490).[40]

> Kabelverzweiger (KVz), Ein Hauptkabel versorgt 6 bis 10 KVz mit maximal 300 Kupferdoppeladern.[41]

> Endverzweiger (EVz).

> Teilnehmeranschlusseinheit/Netzabschlusspunkt der Linientechnik (TAE/APL) auf Kundenseite.

An den Hauptverteilern beginnt das Anschlussnetz der „Letzten Meile". Von diesen reicht ein Hauptkabel bis zu den Kabelverzweigern und Endverzweigern und letztlich zu den Netzabschlusspunkten der Telefonleitungen beim Endnutzer.[42] Die Verbindung zum Endkunden wird im Regelfall über durchgängig geschaltete Kupferkabel (verdrillte Kupferdoppeladern) realisiert. Diese verlaufen vom Hauptverteiler im Netz des Teilnehmernetzbetreibers über Kabelverzweiger und Endverzweiger zu den Teilnehmeranschlusseinheiten (TAE) in das Gebäude der Endnutzer (vgl. Abb. 4). Der Kabelverzweiger ist ein überirdischer Rangierpunkt, der mit einem Gehäuse aus widerstandsfähigem Kunststoff überbaut ist. In den technischen Einrichtungen des KVz werden die Signale der Kupferdoppeladern mit Hilfe von Schaltdrähten weitergeleitet.[43]

Der Kolloaktionsraum wird auch als Central Office bezeichnet und ist ein separater Raum oder eine Fläche in den Teilnehmervermittlungsstellen der Deutschen Telekom AG, wo alternative Teilnehmernetzbetreiber (Festnetzbetreiber) ihre technischen Einrichtungen aufbauen und betreiben dürfen. Es werden so genannte

---

[39] Weitere Bezeichnungen sind: Ortsvermittlungsstelle oder DIVO (Digitale Vermittlungsstelle Ortsnetz), da das Telefonnetz in Deutschland vollständig digitalisiert ist.

[40] vgl. FROHBERG (2001), S. 11.

[41] vgl. ders., S. 11.

[42] vgl. FORUM EUROPA (2004), S. 4.

[43] vgl. WIK GMBH (2000), S. 7.

DSL-Anschluss-Multiplexer (DSLAM) bereitgestellt.[44] Im DSLAM werden aus den ankommenden Daten die Telefonsignale herausgetrennt und in das Kernnetz (Backbone) des Betreibers mit den eigenen Internet - Routern weitergeleitet. Bei Kollokation wird zwischen der physischen und virtuellen Kollokation unterschieden. Auf die virtuelle Kollokation soll nicht weiter eingegangen werden, da die Technik von der DTAG betrieben wird und der Wettbewerber keine Investitionen in die Infrastruktur der „Letzten Meile" tätigt.

Kollokationsräume sind wesentliche Bestandteile der Infrastrukturinvestitionen der Wettbewerber bei den Teilnehmeranschlussnetzen. Die Bundesnetzagentur schreibt der DTAG den diskriminierungsfreien räumlichen Netzzugang für andere Wettbewerber vor. Für die Räume bzw. Flächen und die laufenden Kosten z.B. Strom und Klimatisierung muss ein Entgelt an die DTAG gezahlt werden[45], welches nach 15 städtischen Regionen bzw. nach der Anzahl Einwohner in Deutschland gestaffelt wird.

Die Datenübertragung auf der Kupferdoppelader erfolgt unter Einsatz der DSL Technologie. Dabei wird ein digitales Signal im DSLAM bzw. DSL-Modem bei den Kunden in ein analoges Signal demoduliert und auf der Telefonleitung übertragen. Nachteil dieser analogen Signale sind zufällige Variationen, die zwangsläufig auftreten. Diese Störungen akkumulieren sich, je häufiger ein Signal kopiert wird oder je länger der Signalweg ist, desto stärker dominiert ein Rauschen das Signal. Die dadurch auftretenden Verluste und Verzerrungen sind nicht umkehrbar. Aus der Eigenschaft analoger Signale ergibt sich die Leistungsfähigkeit der DSL Technologie. Ab einer bestimmten Leitungslänge ist das Rauschen zu stark und es ist keine Übertragung in akzeptabler Qualität möglich.[46] In den dicht besiedelten urbanen Gebieten ist die Versorgung mit Breitbandanschlüssen auf Basis der Kupferdoppelader nahezu vollständig vorhanden. Nur in den Städten mit weniger als 50.000 Einwohnern und ländlichen Gebieten existiert noch eine erhebliche Anzahl von Gebieten, wo keine Breitbandanschlüsse angeboten werden können.[47] Dies

[44] vgl. SIEMENS (2006a) oder IT WISSEN (2006a).
[45] vgl. WIK GmbH (2000).
[46] vgl. WIKIPEDIA (2006a).
[47] vgl. Breitbandatlas der Bundesregierung 2005.

beruht auf technische, wirtschaftliche und geografische Ursachen. Beispielsweise können 3% der TAL aufgrund der Entfernungen zwischen HVt und den APL bei dem Teilnehmer nicht mit Breitbandanschlüssen versorgt werden. Zusammen sind ca. 8% der deutschen Ortsnetze aus unterschiedlichen Gründen nicht für breitbandige Teilnehmeranschlüsse im Festnetz geeignet (vgl. Abb. 5).[48]

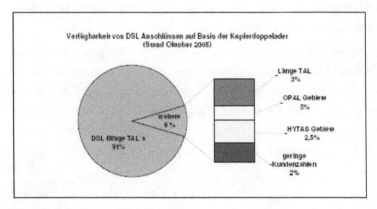

Abb. 5: Verfügbarkeit von DSL im Ortsnetz
[Quelle: Eigene Darstellung]

Die Problematik der OPAL/HYTAS Anschlussbereiche soll bis zum Jahr 2008 vollständig behoben werden (vgl. T.z.7.1). Ein weiteres entscheidendes Kriterium Breitbandanschlüsse im Festnetz hängt von den Durchmesser der eingesetzten Kupferdoppeladern bzw. die Anzahl der mit DSL beschalteten Anschlussleitungen zwischen dem DSLAM im Central Office und dem Netzabschlusspunkt beim Teilnehmer. In Deutschland sind ca. 92 % aller Teilnehmeranschlussleitungen bedingt durch die Entfernung breitbandfähig. Zu unterscheiden sind Städte und die übrigen Regionen, wobei in den zehn größten deutschen Städten die Anzahl der Teilnehmeranschlussleitungen mit einer Länge von unter 4 Kilometer am höchsten ist.[49] Bis zu dieser Entfernung kann eine Datenübertragungsrate im Downstream von 0,384 MBit/s erreicht werden.[50]

---

[48]   vgl. BLUSCHKE (2005), S. 46.

[49]   Berlin, München, Hamburg, Frankfurt am Main mit Region Offenbach, Stuttgart, Köln, Düsseldorf, Hannover, Nürnberg und Leipzig.

[50]   vgl. BÜLLINGEN, F./STAMM, P. (2006), S. 13.

Es werden im Festnetz symmetrische und asymmetrische Verfahren eingesetzt. Die allgemeine Bezeichnung dafür lautet xDSL, wobei der Platzhalter für die jeweilige Überragungsverfahren steht. Symmetrische Verfahren übertragen im Down- und Upstream dieselben Datenraten. Bei den asymmetrischen Verfahren sind die Downstreamraten höher als im Upstream. In Deutschland ist das ADSL (Asymmetric Digital Subscriber Line) das am meisten verwendete xDSL Verfahren und steht als Synonym für einen DSL Anschluss.[51] VDSL2 ermöglicht die derzeit höchsten Übertragungsraten, jedoch ist die Länge und Beschaffenheit der Kupferdoppelader ausschlaggebend. Die von der DTAG derzeitig neuen hybriden Teilnehmeranschlussbereiche nutzen dieses xDSL Verfahren. Die üblich verwendete Bezeichnung ist jedoch VDSL. Aufgrund technologischer Verbesserung digitaler Signalprozessoren, Weiterentwicklung von Kodierungsverfahren und der Erweiterung des Frequenzspektrums, stiegen die Datenübertragungsraten in den letzten Jahren signifikant an. Beispielsweise sind mit ADSL 8 MBit/s[52] und mit der Erweiterung ADSL2+ bereits 24 MBit/s[53] an Datenübertragungsraten im Downstream möglich (vgl. Tabelle 2). Der zu nutzende Frequenzbereich wurde bei ADSL2+ und bei VDSL2 erweitert und kann beim letzteren im Idealfall bis zu 12 MHz betragen. Die Länge der Kupferdoppelader darf jedoch nicht mehr als 300m betragen. Die Standardisierungen erfolgen nach den Spezifikationen der ITU.[54]

---

[51] vgl. DEUTSCHLAND ONLINE 4, S.: 26

[52] vgl. BLUSCHKE ,A./KRÜGER, M. (2003),S.:30)

[53] vgl. DSL PRIME (2006), S. 7.

[54] vgl. FUIKAWA, S. (2003).

Tabelle 1: Datenübertragungsraten für ausgewählte xDSL Technologien
[Quelle: Eigene Darstellung]

Merkmale	xDSL Technologie			
	ADSL	ADSL 2+	VDSL2	HDSL
max. Downstream (MBit/s)	8	24	100	2
max. Upstream (MBit/s)	1	1,1	100	2
max. Reichweite (km)	5,5	2,4	300	2,6
ITU Standard	G.992.1	G.992.5	G.993.2	G.991.1

Es werden bei VDSL2 noch nicht die höchstmöglichen Übertragungsraten angeboten, die DTAG bietet lediglich bis 50 MBit/s im Downstream an.[55]

4.2 Hybride Teilnehmeranschlussbereiche

Aufgrund steigender Anforderungen bei den Übertragungsgeschwindigkeiten rücken hybride Teilnehmeranschlussbereiche stärker in den Fokus der Festnetzbetreiber, wie an der aktuellen Diskussion, um das sich im Aufbau befindliche VDSL Netz der DTAG zu erkennen ist. Die steigenden Bedarfe an Datenübertragungsraten zwingen die Netzbetreiber Glasfaserkomponenten so nahe wie möglich an den Kunden heranzuführen. Je nach Ausbaustufe mit Glasfaserleitungen befinden sich die Komponenten der optischen Systemtechnik in den Kabel- oder Endverzweigern. In diesen erfolgt mittels der so genannten ONU (Optical Network Unit) die Umwandlung von den optischen der Glasfaserleitungen auf elektrische Signale der Kupferdoppelader, welche dann bis zu den APL führen. Um eine Klassifizierung der hybriden Anschlussbereiche hinsichtlich der Reichweite von Glasfaserkomponenten im Ortsnetz zu ermöglichen, verwendet man die Abkürzung FTTx. Der Platzhalter steht als Synonym für den Standort der ONU innerhalb des Anschlussbereiches und im Allgemeinen für hybride Teilnehmeranschlussnetze. Beginnend in der Vermittlungsstelle reicht es bis zu den Wohnräumen der Teilnehmer. Die Bezeichnung dafür ist FTTH (Fiber to the home) und impliziert eine durchgängige

---

[55] vgl. T-Home (2006).

Glasfaserverbindung. Darauf basierend sind Bandbreiten von mehreren Gigabit je Sekunde (GBit/s) möglich. [56]

Tabelle 2: FTTx Varianten

[Quelle: Eigene Darstellung]

FFTx Varianten	Beschreibung	Reichweite der Glasfaserinfrastruktur
FFTEx	Fiber To The Ex	Nur in der Vermittlungsstelle befinden sich Glasfaserkomponenten.
FFTC	Fiber To The Curb	Zwischen der Vermittlungsstelle bis zu dem KVz sind Glasfaserkomponenten implementiert.
FFTB	Fiber To The Building/Basement	Die Glasfaserinfrastruktur reicht bis zu den Wohngebäuden. ONU befindet sich zumeist im Keller.
FFTH	Fiber To The Home	Glasfaserleitungen führen bis in die Räume des Teilnehmers.

Für die Datenübertragung mittels Lichtwellenleiter kommen neben unterschiedlichen Übertragungsverfahren verschiedene Arten von Glasfaserkabeln zum Einsatz. [57] In anderen Quellen findet man die Bezeichnung FITL (Fiber in the Loop). Dieser Begriff impliziert die Verlegung der Glasfaserkomponenten bis in den Anschlussbereich. [58] Eine Besonderheit sind die ersten hybriden Teilnehmeranschlussbereiche in Deutschland. Sie wurden zum größten Teil, nach der Wiedervereinigung Deutschlands Anfang der neunziger Jahre, als neue Infrastruktur in den ostdeutschen Bundesländern verlegt. Sinn und Zweck dieser neuen Technologie war es innerhalb von kurzer Zeit eine große Anzahl von Teilnehmern kostengünstig anzuschließen. Hier war eine mittelfristige Gesamterneuerung der Ortsnetze mit

---

[56] vgl. ERROI, G.(2006), S. 9.

[57] vgl. GLASFASERINFO (2006).

[58] vgl. IT - WISSEN (2006d).

einer gleichzeitigen erheblichen Steigerung der Anschlusskapazitäten notwendig.[59] Zu dieser Zeit lagen nur Prototyplösungen vor. Die Technik wurde jedoch innerhalb einer kurzen Zeit benötigt und es gab keine Standards bzw. Erfahrungen für den Einsatz hybrider Teilnehmeranschlussleitungen im Festnetz. Diese Infrastruktur wird in der Fachliteratur als OPAL (Optisches Anschlussleitungssystem) bezeichnet, die zu Beginn der Einführung über Passive Optische Netze (PON) von verschiedenen Herstellern[60] installiert wurde. Später erfolgte der Einsatz von Aktiven Optischen Netzen (AON), die unempfindlicher bezüglich Laufzeit- und Pegelunterschiede waren und eine höher Anzahl von Teilnehmern versorgen können, wobei unabhängig von der Art der eingesetzten Komponenten immer ein Übergang auf eine Kupferdoppelader erfolgt.[61] Teilnehmer deren Anschlussbereiche eine hybride Infrastruktur aufweisen, können nicht mit DSL Anschlüssen versorgt werden, ohne dass eine spätere Aufrüstung erfolgte. Es erfordert für DSL eine durchgängig geschaltete Kupferleitung. Teilweise wurden die Probleme mit der Überbauung der hybriden Komponenten mit Kupferdoppeladern/ bzw. der Reaktivierung noch vorhandenen Infrastruktur gelöst. Seit dem Jahr 2005 erfolgt auch der Einsatz von der Teilnehmervermittlungsstelle abgesetzten, kleineren DSLAM´s am Ort der Kabelverzweiger. Die aktuellen von der DTAG aufgebauten hybriden Infrastrukturen nutzen jedoch andere technische Komponenten.

Die Passiven optischen Anschlussbereiche basieren auf Netztopologien, bei denen auf den Einsatz von aktiven Komponenten zwischen den Netzabschlüssen (OLT-Optical Line Termination) auf der Transportnetzseite und der optischen Systemtechnik auf der Kundenseite verzichtet wird.[62] Zwei Grundkonfigurationen kommen bei der passiven Variante zum Einsatz. Zum einem befindet sich eine OLT am Standort der Teilnehmervermittlungsstelle und im zweiten Fall befindet sich diese vergleichsweise näher bei den Kunden. Es wird auf den Einsatz von Vermittlungstechnik mit der dafür benötigten Infrastruktur verzichtet und durch einen Ring aus Glasfaserleitungen mit Übertragungsraten von 155 MBit/s versorgt. Bei der passiven Variante kann ein OLT vier bzw. sechs optische Splitter mit jeweils bis zu

---

[59]   vgl. DEUTSCHE BUNDESPOST TELEKOM (1994), S. 43.

[60]   Lucent/AT&T, Siemens, Ericsson/Raynet und Alcatel/ke .

[61]   vgl. BLUSCHKE, A./MATTHEWS, M./SCHIFFEL, R. (2004), S. 289.

[62]   vgl. ders., S. 269.

32 ONU[63] versorgen, an welche maximal 30 Kupferdoppeladern angeschlossen werden können, wobei die Gesamtkapazität einer OLT auf höchstens 952 Teilnehmer[64] beschränkt ist.[65]

Die OPAL-AON Variante ist aus technischer Sicht wegen der aktiven, von der Teilnehmervermittlungsstelle abgesetzten und im Kabelverzweiger befindlichen[66], Verteileinheit (Optical Line Distribution - OLD) mit höherem Aufwand zu betreiben. Sie kann diesen Nachteil aber durch mehr Flexibilität, Erweiterbarkeit und einer größeren Versorgungsfläche sowohl im städtischen als auch im ländlichen Bereich ausgleichen.[67] Entfernungen bis zu 45 km zwischen der OLD und der Teilnehmervermittlungsstelle sind mit dieser Variante überbrückbar. Des Weiteren können mehrere Verteileinheiten hintereinander geschaltet werden um die Reichweite zusätzlich zu erhöhen. Der maximale Abstand zwischen OLD und ONU kann 40 km betragen. Die OLT befindet sich in der Teilnehmervermittlungsstelle und versorgt die OLD mit 139,264 MBit/s bzw. 557,56 MBits, welche die Datenraten auf maximale 32 ONU weiterleitet. Dort werden die Signale optisch-elektrisch wieder umgewandelt und in Einzelkanäle mit je 64 KBit/s aufgeteilt.[68]

Bei dem Aufbau des VDSL Netzes der DTAG wird das Hauptkabel mit den Kupferdoppeladern zwischen der Teilnehmervermittlungsstelle und dem Kabelverzweiger mit Glasfaserleitungen ersetzt (FTTC). In den Ballungsgebieten beträgt der Abstand zwischen Kabelverzweiger und Endverzweiger 100m weniger als der Bundesdurchschnitt, die restliche Entfernung bis zu der TAE ist zumeist kürzer als 100m.[69] Zusammen beträgt der Abstand ca. 200m, für die Realisierbarkeit von 25 MBit/s VDSL Anschlüssen darf die Entfernung dreihundert Meter nicht überschreiten. Von daher sind aus technischer Sicht optimale Einsatzbedingungen für VDSL in den Ballungsgebieten gegeben. VDSL benötigt als weitere Komponenten kundenseitige und netzseitige Splitter, geeignete Modems und ein so genanntes Multifunktionsgehäuse, welches neben der alten Technik des Kabelverzweigers auch

---

[63]   vgl. BLUSCHKE, A./MATTHEWS, M. /SCHIFFEL, R. (2004), S. 289.

[64]   Kapazitätsgrenze bei dem OPAL-AON System von SIEMENS.

[65]   vgl. DEUTSCHE BUNDESPOST TELEKOM (1994), S. 127.

[66]   vgl. FROHBERG W. (2001), S. 277.

[67]   vgl. BLUSCHKE, A./MATTHEWS, M./SCHIFFEL, R. (2004), S. 292.

[68]   vgl. FROHBERG, W. (2001), S. 279.

[69]   vgl. ders. S. 12.

die neuen Infrastrukturkomponenten für VDSL beherbergt. Das alte Kabelverzweigergehäuse wird dabei abgebaut. Da sich innerhalb der Gehäuse hohe Temperaturen entwickeln können, benötigen die Technik neben passive auch aktive Kühlelemente in Form von Wärmetauschern. Die Stromversorgung erfolgt über 230 V Netzteile des lokalen Stromversorgers. Insgesamt wird diese gesamte zusätzliche Technik mit in die Multifunktionsgehäuse integriert.[70]

Die Deutsche Telekom AG bezieht ihre Ausbaupläne nicht nur auf die genannten Städte sondern auf die so genannten Ortskennzahlen (OKZ) und der dazugehörigen Region. Daher resultiert bei den wirtschaftlichen Betrachtungen meistens auch Bezeichnung Ballungsgebiete. Beispielsweise ist nicht für Nürnberg sondern auch für Fürth die OKZ 0911 gültig. Somit muss ebenso bei den betrachteten Teilnehmerzahlen, die Haushalte aus Fürth mit berücksichtigt werden.

4.3 Breitbandkabelnetze

In den 70er Jahren begann in Deutschland der Aufbau eines Verteilnetzes für Fernseh- und Radioprogramme. Es ist ein Punkt- zu- Mehrpunktsystem mit hierarchischer Struktur, d.h. von einem Sender erfolgt eine Verteilung der Informationen zu einer großen Anzahl von Teilnehmern.[71] Aufgrund der zur Verfügung stehenden Bandbreite bis 446 MHz wird es als BK 450 bezeichnet.[72] Der Frequenzbereich ist in mehrere Kanäle aufgeteilt (vgl. Die frühere Normung durch die Deutsche Bundespost/Deutsche Telekom bestimmte u.a. die Struktur des Netzes. Da die „Letzte Meile" im Breitbandkabelnetz in der vierten Netzebene nicht dieselbe Komplexität besitzt wie im Festnetz, soll auch auf die höheren Netzebenen eingegangen werden (vgl. Tabelle 3).

---

[70] vgl. ELKO – DAS ELEKTRONIK KOMPENDIUM (2006).

[71] vgl. LENZ, M. (2001).

[72] vgl. FROHBERG, W. (2001), S. 21.

Tabelle 3: Netzebenen im Kabelnetz

[Quelle: Eigene Darstellung]

Netzebene	Beschreibung
1	Überregionaler Abschnitt, der die Fernseh- und Radiostudios miteinander verbindet. Der Netzabschnitt endet am Studioausgang.
2	Diese schließt direkt an NE 1 an und endet an den BK-Verstärkerstellen (BKVrSt). Übertragungen können mittels Rundfunk, Satelliten, Glasfaser oder Richtfunk erfolgen.
3	Beginnt an der benutzerseitigen BK-Verstärkerstelle (bBKVrSt) und endet an den jeweiligen HÜP im Keller der Gebäude.
4	Die NE 4 wird als D-Linie in dem gesamten Netz bezeichnet beginnt am HÜP und endet an der Kabeldose in den Räumen der Endkunden.

Die in den Wohnungen befindlichen Kommunikationsinfrastrukturen, welche von der Breitbanddose zu den Endgeräten führen, werden als NE 5 bezeichnet. Der Aufbau und die Gestaltung kann jeweils den individuellen Bedürfnissen der Teilnehmer angepasst werden (vgl. Anhang 5:).

Zentrale Punkte des BK Netzes sind die 97 BK-Verteilstellen (BKVtSt) die in Deutschland existieren (vgl. Abb. 6). Über spezielle Richtfunkverbindungen werden die eingespeisten Signale an ca. 1.100 übergeordnete BK-Verstärkerstellen (üBKVrSt) weitergeleitet.[73] Die üBKVrSt versorgen durchschnittlich vier benutzerseitige BK-Verstärkerstellen (bBKVrSt). Diese liegen im Zentrum eines Anschlussbereiches mit einer Kapazität von maximal 15.000 Wohnungen (Ø 5.000).[74] Normalerweise ist eine bBKVrSt in die üBKVrSt integriert, die übrigen werden über Koaxialkabel miteinander verbunden. Dabei können maximal zwanzig Verstärkerelemente eingebaut werden, um eine Reichweitenerhöhung zu erzielen.[75] Die durchschnittliche Anzahl der Verstärker ist aufgrund der realen Längen nur halb so groß. Im Zentrum der örtlichen Anschlussbereiche befinden sich die bBKVrSt und

---

73 vgl. FROHBERG, W. (2001),S. 24.

74 vgl. SCHMOLL, S. (2003), S. 31.

75 vgl. BLUSCHKE, A./MATTHEWS, M./SCHIFFEL. (2004), S. 223.

stellen die Grenzen zwischen den Netzebenen 2 und 3 dar.[76] Zu einer bBKVrSt sind durchschnittlich vier Zellen angeschlossen, die die Programme über lineare und verzweigende Verstärker (A-/B-VrP) weiter bis zu den Endverstärkerpunkten (C-VrP) verteilen. Der C-VrP versorgt über ein in der Erde verlegtes Koaxialkabel (C-Linie) die Hausübergabepunkte (HÜP), die die Grenze zwischen den Netzebenen 3 und 4 darstellen.[77]

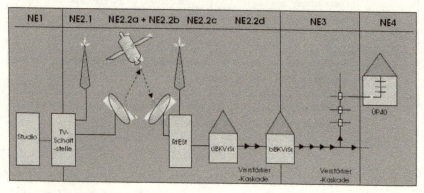

Abb. 6: Allgemeine Struktur der BK-Netze
[Quelle: Klöpfer (2006), S.4]

Für die Nutzung der Kabelanschlüsse für Breitband-Internetzugänge müssen diese mit Rückkanälen ausgestattet werden, damit eine bidirektionale Datenübertragung möglich ist. Ferner muss der zu nutzende Frequenzbereich erweitert werden. Dies führt wegen der höheren Frequenzen zu einer stärkeren Dämpfung und Störanfälligkeit. Mit der Verlegung von Glasfaserkabel zwischen den einzelnen Verstärkerpunkten sind diese Probleme lösbar.

In der NE 4 werden Koaxialkabeln eingesetzt, da die Verlegung der Glasfaser bis in die Räume der Kunden eine ONU an jeder Breitbanddose erfordert. Kommt es zu einer Verlegung der Glasfaser bis in die Gebäude (FTTB, nutzen sie die Hausverkabelung für den Weitertransport der Daten. Von großer Bedeutung sind die Verkabelungssysteme und die Qualität der eingesetzten Materialien. Weiterhin ist die Einrichtung von Rückkanälen auf dem Frequenzband für die Upstream-Signale

---

76 vgl. FROHBERG, W. (2001), S. 24.

77 vgl. SCHMOLL, S. (2003), S. 31.

wichtig. Zusammenfassend sind folgende Eigenschaften für die technisch einwandfreie Realisierung eines Breitbandanschluss über das Kabelnetz notwendig:[78]

> Sternstruktur der Verkabelung.

> Mindestens Kabelkategorie Cat. 5 oder höher verwenden.

> Ein Frequenzbereich 630 bzw. 862 MHz in Verteilrichtung und bis 65 MHz im Rückkanal.

Die empfohlene Sternstruktur der Hausanlage setzt eine Verbindung jedes einzelnen Koaxialkabels mit der Hausverteilanlage voraus. Vorteile ergeben sich durch die mögliche Separierung des einzelnen Nutzers, wenn dessen Anschluss aus technischen Gründen ein Rauschen verursacht, was auf die anderen Teilnehmer unmittelbare Auswirkung hat. Des Weiteren können die Nutzer in kleinere Segmente zusammengefasst werden, z.B. bei veränderten Netzlasten.[79] Die Aufrüstungen des bestehenden BK450 Netzes kann mit vier unterschiedlichen Konzepten realisiert werden.[80] Darunter fallen die Varianten BK450+, BK2000, BK2000 Plus und BK2k2. Außer bei der BK450Plus Variante ist der Frequenzbereich zwischen 5 und 65 MHz bei allen anderen Varianten für die Upstream-Signale reserviert (vgl. Anhang 6).

Das BK450+ Konzept stellt eine Minimallösung aller Netzaufrüstungen dar. Es erfolgt eine Erweiterung des Frequenzbandes auf 502 MHz.[81] Alle Verstärker werden mit Rückkanalmodulen ausgestattet ohne dabei die Konfiguration des Netzes zu ändern. Es können vier 8 MHz Kanäle zusätzlich in Abwärtsrichtung gewonnen werden. Da digitale Übertragungstechnik angewandt wird, stehen mit 64-stufiger Quadratur-Amplituden-Modulation[82] je Kanal mit einer Übertragungsgeschwindigkeit von 41,712 MBit/s zur Verfügung. Abzüglich Fehlerkorrektur, Multiplex und Synchronisation sind 35,455 MBit/s für Anwendungen benutzbar. Für die Rückkanäle stehen im Frequenzbereich von 15 bis 29 MHz Bandbreite zur Verfügung. Bei einem Abstand von 0,8 MHz zwischen den Bändern und unter Anwendung des 16-QAM

---

78   vgl. KABEL BW (2006), S. 23.

79   vgl. BKTEL (2006), S. 12.

80   Die Begriffe Variante und Konzept werden synonym verwendet.

81   vgl. SCHMOLL, S. (2003), S. 34.

82   Bei einem Übertragungszustand werden 6 bit übertragen.

Modulationsverfahren lassen sich bei sechzehn Kanälen max. 26,624 MBit/s übertragen.

In Bezug auf die anfallenden Arbeiten und den Investitionsmitteln verursacht die BK2000 Variante den höchsten Aufwand. Das Konzept wird auch als Hybrid-Fiber-Coaxial (HFC) Lösung bezeichnet. Dabei ersetzt ein optischer Transceiver die üBKVrSt (Headend), bzw. ein optischer Verteiler den bBKVrSt Verstärker (Hub) und werden mit Lichtwellenleitern untereinander verbunden. Dabei verteilt der Hub die Downstream-Signale und fasst die Upstream-Signale zusammen.[83] Des Weiteren werden die großen Zellen des BK450 auf Cluster mit max. 800 Wohnungen verkleinert. Dadurch kann eine größere Bandbreite für jeden Teilnehmer realisiert werden.[84] Anstelle der C-Verstärkerpunkte kommen Glasfaserverstärkerpunkte zum Einsatz (GfVrP). Es sind optisch-elektrische Wandler mit einem installierten Rückkanal, die mit Glasfaserkabeln eine Verbindung zum Hub herstellen. Der GfVrP (Fiber Node) fungiert als Schnittstelle zwischen den optischen und koaxialen Netzbereichen. An dieser Stelle erfolgt eine Umwandlung der elektrischen Upstream-Signale aus den Koaxialkabeln in optische Signale für die Glasfaser und die optischen Downstream-Signale werden in elektrische umgesetzt.[85] Obwohl fast alle Komponenten in den Netzebenen 2 und 3 ausgetauscht werden entfallen 90% aller Kosten auf die Tiefbaumassnahmen bei der Verlegung von Glasfaserkabeln.[86] Über die neuen Verbindungen kann in der Abwärtsrichtung die Bandbreite bis auf 862 MHz erweitert werden. Möglich sind 45 zusätzliche Kanäle mit jeweils 8 MHz, in denen bei der Anwendung von 64-QAM Technik insgesamt 1596 MBit/s übertragen werden können. In der Abwärtsrichtung sind mittels 16-QAM Verfahren bei fünfzehn Bändern zu je 3,2 MHz zusammen 99,84 MBit/s erreichbar.[87]

Bei dem BK2k2 Konzept handelt es sich um eine Weiterentwicklung des bestehenden BK450 und behält dessen Konfiguration bei. Dieses Verfahren gilt als Kompromisslösung zwischen dem BK 2000 und dem BK450+ Konzept. Der Vorteil der BK2K2-Technik für die Netzbetreiber besteht in den anfangs niedrigeren

83   vgl. LENZ, M. (2001), S. 71.
84   vgl. SCHMOLL, S. (2003), S. 33.
85   vgl. LENZ, M. (2001), S. 72.
86   vgl. SCHMOLL, S. (2003), S. 34.
87   vgl. ders., S. 34.

Finanzierungskosten, da in der Startphase des Ausbaus nur wenige Haushalte alle technischen Möglichkeiten der Kabelanschlüsse nutzen. Daher müssen nicht alle relevante Punkte mit Glasfaserkomponenten ausgebaut werden. Mit zunehmender Teilnehmeranzahl erfolgt dann eine stufenweise Erweiterung der Infrastruktur.[88] Im Detail erfolgt zwischen den üBKVrSt und den BKVrSt der Einsatz von Glasfaserkabeln. Ebenfalls kommen rückkanalfähige Verstärker (Transceiver) zum Einsatz und es erfolgt ein bedarfsorientierter Ausbau mit Lichtwellenleitern. Im schlechtesten Fall ist mit der maximalen Anzahl in Reihe geschalteten Verstärkern (zwanzig Stück), eine Bandbreitenerhöhung von 630 MHz erzielbar.[89] Mit abnehmender Verstärkeranzahl (z.B. bei einer Halbierung) erweitert sich das Frequenzband auf 702 MHz und es sind insgesamt 29 Kanäle belegbar. Durch die Verschiebung einzelner Kanäle auf dem Frequenzband sind 32 Rückkanäle mit einer Bandbreite von 0,8 MHz möglich. Bei der maximalen Verstärkeranzahl lassen sich mit nur neun Abwärtskanälen (Downstream) bei 64-QAM knapp 320 MBit/s erzielen. Für die Rückkanäle sind mit 16-QAM eine Datenübertragungsgeschwindigkeit von 53,248 MBit/s möglich.[90]

Die Weiterentwicklung des BK2000 Konzeptes bezeichnet man als BK2000 Plus und bietet ebenso die gleiche Bandbreite von bis zu 862 MHz an. Der kostenintensive Einsatz von Lichtwellenleitern in der NE 3 ist vorerst nur optional. Über Glasfaserkabeln werden die Signale von der NE2 zum Hub transportiert. Des Weiteren kann sich die Anzahl der hintereinander geschalteten Tranceiver maximal fünfundzwanzig erhöhen.[91]

4.4 Powerline Communication (PLC)

Für Privathaushalte werden 230 Volt Niederspannungs-Elektrizitätsnetze als physikalisches Übertragungsmedium genutzt. Die „Letzte Meile" ist in diesem Fall die Entfernung zwischen der Trafostation und dem Hausanschluss. Der Anschluss an das Telekommunikationsnetz erfolgt an der Trafostation. Die TAL beginnt und mit der

---

[88] vgl. SCHERLE, T. (2005), S. 20.
[89] vgl. KABEL DEUTSCHLAND (2006).
[90] vgl. SCHERLE, T. (2005), S. 21.
[91] vgl. KABEL BW (2006), S. 8.

Steckdose im Haushalt den netzseitigen Abschlusspunkt bei dem Endbenutzer. Die Elektrizität wird innerhalb des Stromnetzes mit 50 Hz übertragen, für die Daten kommt ein Kanal im höheren Frequenzbereich zur Anwendung. Mit der Datenübertragung über das Stromnetz sind Entfernungen von mehreren hundert Metern realisierbar. Auch der Datentransport innerhalb der Haushalte wird über das Stromnetz genutzt und ist mit eines der am meisten angewandten Vernetzungsverfahren innerhalb von Gebäuden. [92]

Probleme bei größeren Entfernungen liegen bei den speziellen Eigenschaften des Stromnetzes insbesondere in der Abstrahlungsproblematik. Die Niederspannungs-Elektrizitätsnetze bestehen aus ungeschirmten Leitern und wirken im ungünstigsten Fall gleichzeitig als Sende- und Empfangsantenne, da die für die Datenübertragung eingesetzte elektromagnetische Energie abgestrahlt werden kann und somit störend auf Funkanwendungen wirkt. Besonders betroffen sind Rundfunk und Fernsehprogramme. Im Umkehrfall können wiederum die Funkanwendungen den Betrieb der PLC-Systeme durch Einstrahlungen stören. Aus diesem Grund wurde im Frequenzbereichszuweisungsplan[93] festgelegt, dass die PLC-Systeme mit einer geringen Leistung arbeiten müssen und dazu noch unempfindlich gegenüber anderen einstrahlenden Signalen sein müssen. [94] Einige regionale Energieversorger die in PLC-Infrastruktur investierten, stellten aufgrund dieser technischen Hindernisse ihr Engagement in die Weiterentwicklung und Vermarktung weitgehend ein. In einzelnen Regionen können Privatkunden noch Breitbandanschlüsse über das Stromnetz als Alternative zu anderen Zugangstechnologien wählen. Ende des Jahres 2005 hatten sich 9600 Kunden für einen PLC Anschluss entschieden.[95] Aufgrund der niedrigen Teilnehmerzahlen sind Breitbandanschlüsse über das Stromnetz bei nachfolgenden Betrachtungen nicht von Relevanz. Potential besitzt PLC jedoch bei privaten Heimnetzwerken. Die Stromleitungen innerhalb der Haushalte können als Übertragungsmedien genutzt werden. Für diese Anwendungen hat sich in den USA

---

[92] vgl. WIK (2005a) ,S. 86.

[93] vgl. GESETZE IM INTERNET (2004), S. 2499.

[94] vgl. KALLENBORN, R./KARTES, CH. (2001), S. 50ff.

[95] vgl. REGULIERUNGSBERICHT. 2005/2006

die UPA (Universal Powerline Association) gegründet, um an gemeinsamen Standards zu arbeiten.[96]

4.5 Drahtlose Teilnehmerzugangsnetze

Zu den drahtlosen Teilnehmerzugangsnetzen zählen WLAN- Technologien, zellulare Mobilfunktechnologien, DVB-T, sowie Punkt- zu- Mehrpunkt- oder Punkt- zu- Punkt-Richtfunksysteme.[97] Weiterhin können per Satellitenfunk dem Teilnehmer Datenübertragungen angeboten werden. Der Downstream erfolgt von einem bis zu 36.000 km entfernten geostationären Satelliten aus. Problematisch sind hier die langen Reaktionszeiten aufgrund der Entfernung zu den Satelliten. Für den Upstream der Daten werden in der Regel andere Technologien eingesetzt. Da die Gebiete in denen Satellitenfunkanschlüsse zum Einsatz kommen generell mit anderen, für Breitbandanschlüsse, leistungsfähigen Infrastrukturen unterversorgt sind, erfolgt die Realisierung der Upstream-Signale zumeist über die Kupferdoppelader (Zwei-Wege-Satellitensystem). Besitzt der Teilnehmer einen ISDN-Anschluss ist eine Geschwindigkeit von bis zu 128 KBit/s möglich. Neben geringen Geschwindigkeiten im Upstream, sind auch die langen Reaktionszeiten aufgrund der Entfernung zum Satelliten problematisch. Basierend auf den technischen Schwierigkeiten und der niedrigen Penetration von Satellitenbreitband erfolgen keine weiteren Betrachtungen zu dieser Technologie.

Da für DVB-T(Digital Video Broadcasting – terrestrial) kein Rückkanal für die Upstream-Signale definiert ist und die Technologie in erster Linie für den Empfang von digitalen terristischen Fernseh- und Radioprogrammen konzipiert wurde, besitzt diese für die Untersuchungen keine weitere Relevanz.[98] Ebenfalls sind bei der WLAN Technologie nur geringe Reichweiten möglich und wird lediglich an öffentlichen Orten bisher kommerziell genutzt. Tragfähige Geschäftsmodelle für Privatkunden sind bisher nicht bekannt. Somit bleibt als Untersuchungsgegenstand UMTS und WiMAX übrig.

---

[96] vgl. UPA – UNIVERSAL POWERLINE ASSOCIATION (2006).

[97] vgl. BLUSCHKE, A./MATTHEWS, M./SCHIFFEL, R. (2004), S. 403.

[98] vgl. DVB-T- PORTAL (2006).

Nach den zu versorgenden Gebieten, ergeben sich verschiedene Bezeichnungen für die Funksysteme. Um für die jeweiligen Technologien Standards zu schaffen (vgl. Tabelle 4), existieren auf europäische Ebene die ETSI Behörde (European Telecommunications Standards Institute) sowie in den USA das IEEE (Institute of Electrical and Electronics Engineers).

Tabelle 4: Netzwerkeinteilung nach IEEE
[Quelle. Eigene Darstellung]

Abkürzung	Netzwerk	Standards nach ETSI	Standards nach IEEE
WAN	World Area Network	3GPP, EDGE	802.20
MAN	Metropolitian Area Network	HiperMAN, HIPERACCESS	802.16
LAN	Local Area Network	HiperLAN	802.11
PAN	Personal Area Network	HIPERPAN	802.15

Die drahtlose Überbrückung der „Letzten Meile" per Richtfunktechnik kann mittels zwei Verfahren realisiert werden. Zum einen eine Punkt- zu- Punkt Funkübertragung (PTP - Point to Point) oder mittels einer Punkt- zu- Mehrpunkt Verbindung (Point-to-Multipoint) unter der Verwendung eines Mehrfach- Zugriffsverfahren. Besonders für private Breitbandanschlüsse eignet sich die letztere Variante. Unter diesem Aspekt sind drahtlose Teilnehmerzugänge basierend auf WiMAX Punkt- zu- Mehrpunkt Verbindungen für nachfolgende Betrachtungen interessant.

Entscheidend aus der Sicht der Verbraucher ist neben der Verfügbarkeit bzw. den erzielbaren Datenübertragsraten auch die Mobilität des Teilnehmeranschlusses (vgl. Anhang 11). Funkbasierte Teilnehmeranschlussleitungen können dabei in verschiedene Mobilitätsgrade kategorisiert werden.[99] Besonders mobile Anwendungen bei denen hohe Datenübertragungsraten, bei gleichzeitigen

---

[99] vgl. HOGREFE, D. (2005).

Handover, möglich sind, werden in den nächsten Jahren an Bedeutung gewinnen. Vorstellbar ist der Einsatz u.a. im Bahnverkehr.

4.5.1 UMTS

Die dritte Generation des zellularen Mobilfunksystems findet im Gegensatz zu den vorangegangen Mobilfunksystemen auch in Japan und den USA Verwendung und bietet damit erstmals einen weltweiten einheitlichen Zugang für Mobilfunknetze.[100] UMTS (Universal Mobile Telecommunication System) ist ursprünglich ein europäischer Ansatz und wurde in den USA von der (ITU-T) unter dem Begriff IMT 2000 (International Mobile Telecommunications in the year 2000) spezifiziert.[101] Mittels dieser Technologie wird wie bereits vorgenannt kein vollwertiger Breitbandanschluss realisierbar, da die Upstream Geschwindigkeit nicht mehr als 128 k/Bits beträgt.

Die „Letzte Meile in einem UMTS Netz setzt sich aus der Mobilstation (UE – User Equipment) mit dem Funkgerät (ME – Mobile Equipment), welches für die Kommunikation zuständig ist, und der USIM – Karte (UMTS Subscriber Identity Module) auf der die Teilnehmerdaten, der Authentisierungsschlüssel und Verschlüsselungsinformationen abgespeichert werden, zusammen. Das UE bilden auf der Teilnehmerseite den Netzabschluss. Auf der anderen Seite befindet sich das Funkzugangsnetz UTRAN (UMTS Radio Access Node), dass sich aus zwei Baugruppen, die als Node B bezeichnete Basisstation mit den zugehörigen Antennen und dem Radio Network Controller (RNC), zusammensetzt. [102] In Abhängigkeit von der Netzgestaltung können mit einem Node B eine oder mehrere Antennen verbunden werden. Somit kann eine Aufteilung des Sendekreises in Sektoren mit jeweils 60 ° pro Antenne bei max. sechs Segmenten (360°) erfolgen. Der RNC ist das Bindeglied zwischen Node B und Core Network (Vermittlungsnetz) das aus Elementen für die paket- oder kanalvermittelten Datenübertragung und –vermittlung zuständig ist.[103] Pro RNC werden zwischen 60 und 150 Node B zugeordnet, die über die einzelnen Basisstationen hinaus für das Radio Source Management (RRM) zuständig sind. Das

---

[100]   vgl. SIEGMUND, G. (2002), S. 808.

[101]   vgl. ders., S. 809.

[102]   vgl. BLUSCHKE et al. (2004), S. 372.

[103]   vgl. ders., S. 372, S. 373.

RRM ist für den Auf- und Abbau der Funkverbindungen verantwortlich. Mittels einer direkten Verbindung zwischen zwei RNC´s werden über den Aufbau und die Weiterleitung der mobilen Funkverbindungen zu den jeweiligen Basisstationen entschieden.[104] Aufbauend auf UMTS wurde HSDPA (High Speed Downlink Packet Access) für den Downstream und HSUPA (High Speed Uplink Packet Access) für den Upstream entwickelt. Mit der Aufrüstung sind Datenübertragungsgeschwindigkeiten laut Breitbanddefinition realisierbar (vgl. Tabelle 5). Bei der HSPA (High Speed Packet Access) Technik kommen höhere Modulationsverfahren, kürzere Übertragungsintervalle, Mechanismen zur Wiederholung der Daten und Soft- Combining Algorithmen zum Einsatz.[105] Im Rahmen von Release[106] 5 UMTS 3GPP (3rd Generation Partnership Project) [107] wurden die technischen Parameter für HSDPA festgelegt, welches bereits seit Frühjahr 2006 verfügbar ist.[108] Für HSUPA erfolgten die technischen Definitionen im Release 6, dessen Spezifikationen noch nicht vollständig zum Abschluss gekommen sind. Weiterhin müssen bei HSDPA die UMTS Basisstationen für den Datenversand umgerüstet werden. Hier kann gegenüber HSUPA die Sendeleistung der Hardware zehnmal höher sein.[109] Dafür benötigt man leistungsfähige Sendeeinrichtungen in den mobilen Endgeräten. Da die Hardware in den Notebooks und Handys räumlich nah bei Personen zum Einsatz kommen, ist die Sendeleistung aus gesundheitlichen Gründen auf 1 Watt reduziert. Ab Mitte 2007 ist ein kommerzieller Einsatz HSUPA fähiger Hardware geplant.[110]

---

[104] vgl. SIEGMUND, G. (2002), S. 821.

[105] vgl. Funkschau Heft Nr.:1/2006 , S.:12 HSDPA Spezial, „Schnellere Datenübertragung dank intelligenter Algorithmen".

[106] Release wird hier als ein Technologieschub verstanden.

[107] Ist eine weltweite Kooperation von Standardisierungsgremien. Ziel ist im Mobilfunkbereich sind Standardisierungen konkret für UMTS und GERAN (GSM).

[108] Die UMTS Technologie der ersten Generation wurden in der Release 99 zusammengefasst.

[109] vgl. HSUPA - High Speed Uplink Packes Access (2006).

[110] vgl. ELEKTRONIKNET (2006).

Tabelle 5: Datenraten für UMTS und HSDPA/HSUPA

[Quelle: eigene Darstellung in Anlehnung an: Vodafone (2006)]

Zellgröße	UMTS		HSDPA	HSUPA
	Downstream	Upstream		
Makrozelle			≤ 2 MBits	≤ 1 MBits
Mikrozelle	≤ 384 KBits	≤ 64 KBits	≤ 14,4 MBits	≤ 5,8 MBits

Die maximalen Werte bei HSDPA sind nur theoretische erreichbar. Sie sind unter Laborbedingungen erzielt worden. In der Praxis sind die tatsächlich nutzbaren Datenraten von den Endgeräten abhängig und liegen, ideale Funkübertragungsbedingungen vorausgesetzt, bei 1,8 MBits.[111] Die Durchschnittsraten liegen weit unter diesen Wert. Sie werden sich nach Einschätzungen von Experten im Bereich von bis zu 900 KBit/s bewegen. Dies ist in erster Linie davon abhängig wie viele Endverbraucher innerhalb der Zelle aktiv einen Dienst nutzen.[112]

4.5.2 WiMAX

Worldwide Interoperability for Microwave Access bezeichnet die funkbasierte Datenübertragung im Frequenzbereich zwischen 2 bis 66 GHz. Damit können größere Gebiete, beispielsweise ein ganzer Stadtteil, abgedeckt werden.[113] Grundlage bildeten der Standard IEEE 802.16 und das Industrieforum WiMAX, dass unter der Federführung der Firma Intel im Jahr 2001 gegründet wurde.[114] Ziel des Forums ist eine Kompatibilität, Interoperalität und Zertifizierung von Produkten für drahtlose breitbandige Zugangstechnologien[115] zu schaffen, welche auf den Standard 802.16 aufbauen.[116] Zurzeit umfasst das Forum über 400 Mitgliedern aus dem Bereich der

---

[111] vgl. CONSISTEC – ENGINEERING & CONSULTING (2006).

[112] vgl. UMTS LINK (2006).

[113] vgl. QUANTE NETZWERKE (2006).

[114] vgl. WIMAX FORUM (2006a).

[115] In der Literatur wird auch die Bezeichnung BWA für Broadband Wireless Access verwendet.

[116] vgl. WIMAX FORUM (2006b).

Netzwerkausrüster, Service Provider und IT Unternehmen.[117] Hinsichtlich der Nutzung von WiMAX für Telefonie und Videoanwendungen wurde bei der Festlegung der Standards großer Wert auf hohe Übertragungsgeschwindigkeiten und kurze Latenzzeiten gelegt.[118] Innerhalb der Frequenzbereiche unterstützt WiMAX variable Kanalbreiten von 1,25 MHz bis 20 MHz und eine Übertragungsgeschwindigkeit von bis zu 75 MBit/s. WiMAX Systeme können bis zu 48 km entfernte Teilnehmer erreichen (vgl. Abb. 7). Mit zunehmender Reichweite sinkt dagegen die Übertragungsgeschwindigkeit.[119]

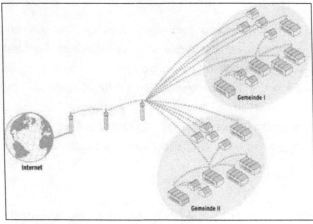

Abb. 7: Verbindungsarten bei WiMAX Systemen
[Quelle: DBD (2006)]

Zu den allgemeinen Bestandteilen moderner Punkt- zu- Mehrpunkt-Systeme gehören eine gemeinsame Breitbandbasisstation (WWBS – Wireless Wideband Base Station) und mehrere verteilt angeordnete Endgerätestationen bei den Teilnehmern (WWTS – Wireless Wideband Terminal Station). Die Basisstationen sind mit Sektor- oder Rundstrahlantennen ausgestattet, um die Versorgung eines bestimmten Gebietes sicherzustellen.[120] Je nach Standard können sich die Endgerätestationen beim Nutzer innerhalb oder außerhalb des Gebäudes befinden. Besteht zwischen der

---

[117] vgl. WiMAX FORUM (2006c).

[118] vgl. WIKIPEDIA (2006b).

[119] vgl. ELKO – DAS ELEKTRNIK - KOMPENDIUM (2006b).

[120] vgl. FERNUNIVERSITÄT HAGEN (2006).

Basisstation und der Empfangseinheit beim Kunden eine direkte bzw. keine Sichtverbindung bezeichnet man dies als LOS (Line of Sight) oder NLOS (None Line of Sight) Verbindung. Innerhalb des 802.16 Standards[121] verschiedene Mobilitätsgrade möglich (vgl. Tabelle 6). Bei der Ausarbeitung des IEEE Standard 802.16e-2005 wurde der südkoreanische WiBro Standard mit berücksichtigt. [122] Bei WiBro sind Übertragungsraten zwischen 20 bis 30 MBit/s in Funkzellen und mit bis zu 5 km Radius möglich. Des Weiteren sichert die Technik den Kunden eine Mobilität bis max.120 km/h mit Handover zu. [123]

Tabelle 6: Eigenschaften der IEEE 802.16 Standard
[Quelle: Eigene Darstellung]

IEEE 802.16	Mobiltät	Beschreibung
IEEE 802.16a	Fest	Fixed WiMAX für LOS und NLOS im Frequenzbereich zwischen 2 und 66 GHz.
IEEE 802.16d-2004	Fest	NLOS Verbindungen innerhalb von Gebäuden möglich. Endgeräte portabel, jedoch kein Handover, Frequenzbereich oberhalb und unterhalb von 11 GHz.
IEEE 802.16e-2005	Mobil	Mobilität und Handover ist technisch realisierbar. Geschwindigkeiten bis zu 120 km/h möglich.

In Deutschland begann die Vergabe der WiMAX Frequenzen im Herbst 2006 und beinhaltete insgesamt 28 Regionen mit jeweils vier Frequenzpaketen. Zur Verfügung stehen zwei Frequenzpakete (A und B) mit jeweils 21 MHz, die in allen Regionen in Deutschland uneingeschränkt nutzbar sind und zwei weitere Pakete (C und D), die bis zu 21 MHz umfassen. Aufgrund noch bestehender Frequenznutzungsrechte[124] sind dieser Frequenzpakete nicht flächendeckend verfügbar sind.[125] Bei der Auswahl

---

[121] vgl. IEEE (2003).
[122] vgl. TEC CHANNEL (2006a).
[123] vgl. DSL TARIFE (2006c).
[124] vgl. ZEIT (2006).
[125] vgl. BNA – BUNDESNETZAGENTUR (2004), S. 8.

der Regionen wurden Kriterien wie die Bevölkerungsdichte, wirtschaftsgeografische Perspektiven und frequenztechnische Aspekte herangezogen.[126] Die Bundesnetzagentur fordert von den Unternehmen die eine Lizenz ersteigern, dass sie bis Ende 2009 in 15% und bis Ende 2011 in 25% aller Gemeinden einer Region eine Grundversorgung gewährleisteten können.[127] Die Höhe der Mindestgebote wurde in Abhängigkeit der geplanten Einsatzgebiete für WiMAX Systeme festgelegt und bewegt sich in einer Spanne zwischen 192.000 bis 1,8 Millionen Euro.[128] Des Weiteren müssen die Unternehmen eine Kaution hinterlegen, die der Höhe des Minimalgebotes für die Frequenz in der entsprechenden Region entspricht.[129]

Im Zuge der Ausschreibung hat sich die DTAG ebenfalls für Frequenzen in insgesamt 356 Städten und Landkreisen beworben. Anfang November 2006 kündigte die DTAG die Absage an dem Versteigerungsverfahren an und begründete diese mit einer mangelnden technischen und wirtschaftlichen Perspektive.[130] Dahinter stehen jedoch weitere Gründe: Die Wahrscheinlichkeit eines Zuschlages war eher gering, denn die Europäische Kommission untersagte die Vergabe von WiMAX Frequenzen an dominierende Anbieter von Telekommunikationsdienstleistungen in den jeweiligen Mitgliedsländern.[131] Außerdem besteht aus der Sicht des Unternehmens kein Interesse die UMTS Infrastruktur der Firmentochter T-Mobile mit WiMAX Netzen konkurrieren zu lassen.

Kooperationen zwischen mehreren Unternehmen, die eine Frequenz ersteigert haben, sind zulässig. Ein Risiko besteht bei Konkurs eines Partners, denn der Andere muss die Ausbaukosten für den insolventen Partner übernehmen. Infrastrukturanbieter, sowohl im Festnetz bzw. Kabelnetz, sehen ihr Engagement in der Versteigerung eher als eine Ergänzung für Regionen mit unzureichender eigener Breitbandversorgung. Durch die geplante Vergabe des Standards 802.16d-2004 seitens der Bundesnetzagentur war auch das Interesse der Mobilfunknetzbetreiber

---

[126] vgl. ders., S. 3.

[127] vgl. TEC CHANNEL (2006b).

[128] vgl. BNA - BUNDESNETZAGENTUR (2004), S. 8 ff.

[129] vgl. ders., S.6.

[130] vgl. FTD – FINANCIAL TIMES DEUTSCHLAND (2006b).

[131] vgl. KAFKA, G. (2006), S. 29

gering.[132] Der Standard 802.16e-2005, auch Mobile WiMAX genannt, ist aufgrund seiner Eigenschaften als Substitut für UMTS bzw. die geplante Erweiterung HSPA anzusehen. Dadurch kann in diesem Standard eine Gefahr der Entwertung für die bereits getätigten Investitionen in die Mobilfunkinfrastruktur gesehen werden. Mobile WiMAX stellt im Vergleich zu der in UMTS/HSDPA eingesetzten Technologie teilweise höhere Bandbreiten und gleichzeitig höhere Geschwindigkeiten für Kunden in Aussicht. Von daher setzen die Mobilfunkunternehmen auf die bestehenden Infrastrukturen bzw. treiben die konsequente Weiterentwicklung der Technologie voran. Unter dem Begriff *Super 3G* konzentrieren sich die Entwicklungen der Mobilfunknetzbetreiber auf die Technologien der nächsten Generationen.

Betrachtet man WiMAX aus der Perspektive der Nachfrager sind die Preise für das technische Equipment ein maßgebliches Erfolgskriterium für den Durchbruch am Massenmarkt. Nach Ansicht von anderen Marktteilnehmern ist der Durchbruch der WLL- Technologie an der Problematik der hohen Kosten für die Sende- und Empfangseinheiten[133] gescheitert.[134] Ähnliches kann bei der eigenen Wirtschaftlichkeitsbetrachtung des WiMAX Netzes in Dresden beobachtet werden (vgl. Tz. 7.5.2). Für den Einsatz von WiMAX ergeben sich sowohl Vorteile als auch Nachteile. Besonders die Vermeidung kostenintensiver Tiefbaumassnahmen und die niedrigen Frequenzgebühren sprechen für WiMAX (vgl. Anhang 12). Problematisch dagegen sind beispielsweise die immer noch teuren Sende- und Empfangsgeräte sowie die eingeschränkte Mobilität, da nur der Fixed WiMAX Standard 802.16-2004e versteigert wurde.

---

[132] vgl. KAFKA, G. (2006), S. 29

[133] Die Sende- und Empfangseinheit wird als Customer Premise Equipments (CPE) bezeichnet.

[134] vgl. HEISE ONLINE (2006a).

5 Marktanteile der Anbieter

Die Anzahl der breitbandigen Teilnehmeranschlüsse im Jahr 2006 zeigt eine Steigerung von 50% gegenüber dem Vorjahr auf. Dabei stieg die Zahl der von DTAG betriebenen DSL Anschlüsse inkl. Resaleanschlüsse innerhalb eines Jahres um 2,6 Millionen, die der alternativen Festnetzbetreiber verzeichnete dagegen lediglich einen Zuwachs von 2 Millionen Anschlüssen. Absolut betrachtet liegen die Kundenzahlen der alternativen Anschlussnetzbetreiber vor den reinen Resaleanschlusszahlen.

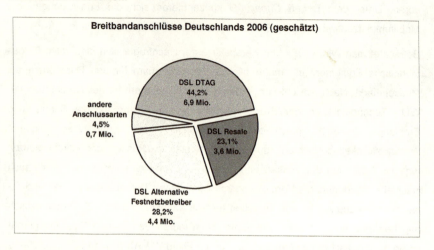

Breitbandanschlüsse Deutschlands 2006 (geschätzt)

Abb. 8: Struktur der Breitbandanschlüsse in Deutschland
[Quelle: in Anlehnung an VATM (2006), S.:14]

5.1 Festnetz

Prinzipiell kann in regionale und bundesweit operierende Unternehmen mit eigener Infrastruktur unterschieden werden. Ein Teil von den Wettbewerber der DTAG sind im Branchenverband BREKO[135] (Bundesverband Breitbandkommunikation e. V.) zusammengeschlossen. In dem Verband sind über 90% der Festnetzwettbewerber vereinigt. Seine Mitglieder bieten Breitbandanschlüsse im Wesentlichen über

---

[135] vgl. BREKO – BUNDESVERBAND BREITBANDKOMMUNIKATION e. V. (2006b).

Kupferdoppelader an. Der Umsatz aller BREKO Mitgliedsunternehmen beläuft sich voraussichtlich auf 4,4 Mrd. Euro im Jahr 2006.

Aus in der Vergangenheit ehemaligen regionalen Unternehmen, entstanden durch Zusammenschlüsse und Übernahmen bundesweit agierende Anbieter. Beispiel dafür sind die beiden zweit- und drittgrößten alternativen Festnetzanbieter in Deutschland, die sich im Besitz des Finanzinvestors APAX befindliche Versatel Deutschland Holding GmbH und das Tochterunternehmen der Telecom Italia, die HanseNet Telekommunikation GmbH. Größter alternativer Festnetzbetreiber ist die ARCOR AG & KG. Gemessen am Umsatz in Höhe von knapp 11 Mrd. Euro im ersten Halbjahr 2006 (vgl. Tabelle 7), ist die Deutsche Telekom AG mit ihrer Festnetztochter T-Com Marktführer.[136] Auf dem zweiten und dritten Platz folgt mit über 1 Mrd. Euro die ARCOR AG & KG bzw. die Versatel Holding GmbH mit nur 0,321 Mrd. Euro.[137][138]

Tabelle 7: Daten der fünf größten Festnetzbetreiber in Deutschland
[Quelle: Eigene Darstellung]

Anbieter	Operationsgebiet Ende 2006	Umsatz im 1.Halbjahr 2006
Deutsche Telekom AG	Bundesweit	(T-Com) 10.909 Mio. Euro
ARCOR AG & KG	300 Städte und Gemeinden.	1.003 Mio. Euro
Versatel Holding GmbH	177 Städte	321,5 Mio. Euro
Hansenet	90 Städte	237,8 Mio. Euro
QSC AG	160 Städte	105,3 Mio. Euro

5.2 Mobilfunk

In Deutschland sind derzeit vier Mobilfunknetzbetreiber am Markt tätig. Mit jeweils über 35% Marktanteil gehören die T-Mobile Deutschland GmbH und Vodafone

---

[136] vgl. DEUTSCHE TELEKOM (2006e).

[137] vgl. SAT & KABEL – DIGITAL TV – MEDIEN BREITBAND (2006).

[138] vgl. HEISE ONLINE (2006b).

Deutschland GmbH zu den beiden führenden Unternehmen. Seit August 2006 sind 82,5 Mio. Mobilfunkanschlüsse in Deutschland registriert. Über die Anzahl der breitbandigen Datenanschlüsse die mittels der UMTS Infrastruktur realisiert liegen derzeit keine zuverlässigen Angaben seitens der Unternehmen vor. Zwar gibt der BITKOM Verband mehr als 4 Mio. UMTS Anschlüsse bekannt, diese Daten allerdings aus der Anzahl verkaufter UMTS- Endgeräte. Aufschlussreicher ist die Zahl der verkauften und genutzten PCMCIA-Datenkarten, mit denen über das Mobilfunknetz Breitbandanschlüsse realisiert werden können. Für Mitte 2005 gaben T-Mobile und Vodafone bekannt, dass bereits 350.000 dieser PCMCIA-Datenkarten verkauft wurden.[139] Für 2006 meldet Vodafone den Absatz 200.000 Stück.[140] Zu der Aufteilung der Anschlüsse nach Privat- und Geschäftskunden erfolgten keine Angaben.[141]

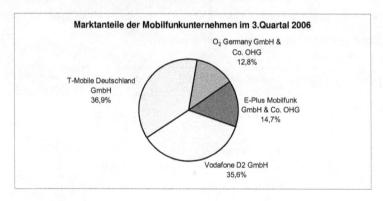

Abb. 9: Marktanteile der Mobilfunknetzbetreiber im 3. Quartal 2006
[Quelle: Eigene Darstellung]

Den Großteil der Umsätze realisieren die Unternehmen immer noch mit Sprachdiensten. Der Anteil der Non-Voice Diensten stieg in den vergangen Jahren zwar an, jedoch zählen dazu auch SMS und MMS. Datendienste besitzen lediglich einen Anteil von 6,1% an den Mobilfunkumsätzen.[142]

---

[139]   vgl. HEISE ONLINE (2006i).

[140]   vgl. VODAFONE (2006b).

[141]   vgl. SILICON DE (2006).

[142]   vgl. VATM – VERBAND DER ANBIETER VON TELEKOMMUNIKATIONS- UND MEHRWERTDIENSTEN e. V. (2006b).

5.3 Andere Anschlussarten

Hierzu zählen besonders die breitbandigen Anschlüsse über das Kabelnetz. Deren später Verkauf durch die Deutsche Telekom AG bremste eine frühe flächendeckende Aufrüstung stark aus. Weiterhin kam es bei verschiedenen Gesellschaften zu mehrmaligen Wechsel der Eigentümer. Grund dafür waren u.a. Insolvenzen der Gesellschaften.[143] Nach anfänglichen Schwierigkeiten starteten die Ausbauaktivitäten der vier größten Kabelnetzbetreiber und befinden derzeit sich auf einem sehr hohen Niveau. Die vier größten Kabelnetzbetreiber streben bis Ende 2008 die Aufrüstung von über 23 Millionen Haushalten an. Was einer Abdeckungsquote von 65% aller TV-Haushalten entspricht.[144]

Grundsätzlich sollen diese Anschlüsse in der Lage sein, Triple Play Dienste anzubieten. Allein im Jahr 2006 soll die Zahl der bereits angeschlossenen Teilnehmerhaushalte von 6,2 Mio. auf über 13 Mio. sich mehr als verdoppeln.[145] Als Hindernis stellte sich die Strukturierung der Kabelnetze heraus. Durch die Trennung der Netzebenen und den damit verbunden unterschiedlichen Besitzverhältnissen, ist eine Kooperation aller Beteiligten erforderlich. Gerade in der Vergangenheit kam es zwischen den Besitzern zu rechtlichen Auseinandersetzungen. Allein in der NE 4 werden 75% der Haushalte mit einem aktiven Kabelanschluss, von ca. 6.000 privaten Wohnwirtschaftsunternehmen übernommen.[146] Ob für den Verbraucher Breitbandanschlüsse über das Kabelnetz tatsächlich zur Verfügung stehen, ist von folgenden unterschiedlichen Konstellationen abhängig:

Im Bereich eines Breitbandnetzes, das von einem Kabelunternehmen auf der NE 3 aufgerüstet wurde, befindet sich der Haushalt und ist auch direkter Kunde des Netzbetreibers welcher ebenso Breitbandanschlüsse anbietet. Aus mietrechtlichen Gründen ist jedoch ein so genannter (Gestattungsvertrag)[147] notwendig. Dieser muss eine Inanspruchnahme von Gebäuden zum Zwecke des Angebots von Kabel- TV-Leistungen erlauben.

---

[143]   vgl. KABEL DEUTSCHLAND, S. 53.

[144]   Basis 36,5 Mio. Haushalte.

[145]   vgl. ONLINE KOSTEN (2006C).

[146]   vgl. SCHMOLL, S. (2003), S. 31.

[147]   vgl. KABEL BW (2006).

Beim nächsten Fall sind die Ebenen 3 und 4 aufgerüstet und es bestehen Vereinbarungen zwischen den Betreibern über die Vermarktung von Breitbandanschlüssen.

Die letzte Konstellation wäre die eines Betreibers der Netzebene 4, welcher unabhängig von der NE 3 Breitbandanschlüsse organisiert und seinen Kunden anbietet.[148]

In Deutschland dominieren fünf größere Kabelnetzbetreiber die unteren beiden Netzebenen, wobei die Orion Cable GmbH durch den Zukauf der Tele Columbus Gruppen Nord/Ost die höchste Zahl der aktiv betriebenen Kabelanschlüsse in der NE 4 verzeichnen kann (vgl. Abb. 10).

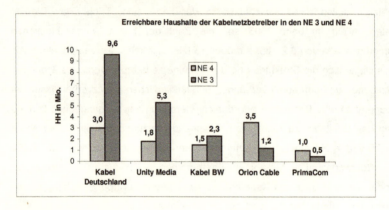

Abb. 10: Erreichbare HH der Kabelnetzbetreiber in NE 3 und NE 4
[Quelle: Eigene Darstellung]

Aktuelle Zahlen zu privaten Breitbandanschlüssen über Satellitenfunk, PLC, UMTS und WiMAX sind bisher nicht bekannt. Point Topic schätzt die Zahlen für das 3.Quartal 2006 auf 444.000 Anschlüsse. Demgegenüber prognostiziert VATM für das Jahresende über 700.000 Breitbandanschlüsse. Eine Überprüfung dieser Angaben ist zu dem gegenwärtigen Zeitpunkt nicht möglich. Geht man aber von einer eher moderaten Steigerung der Breitbandanschlüsse bei Satellitenfunk, PLC, UMTS bzw.

---

[148] vgl. BÜLLINGEN/STAMM (2006), S.96.

WiMAX aus, entfällt der Hauptteil auf das Kabelnetz. Nach eigener Schätzung werden sich die Zahlen in einem Rahmen zwischen 400.000 bis 600.000 bewegen. Eine Realisierung von FTTH Anschlüssen in Deutschland erfolgte bisher nicht. Lediglich existieren diverse Pilotprojekte. Bei VDSL werden die Teilnehmeranschlüsse unter dem Begriff FFTC eingeordnet.

5.4 Regionale Telekommunikationsunternehmen

Regionale Anbieter, meistens handelt es sich um kommunale Unternehmen bzw. deren Tochtergesellschaften, sind jeweils nur in bestimmten Städten und Gebieten tätig. Zum Teil besitzen die Unternehmen in ihren Anschlussgebieten hohe Marktanteile. Es handelt sich um Konkurrenten der DTAG auf lokaler Ebene, die über eine eigene Netzinfrastruktur sowie über so genannte Wegerechte in städtischen und regionalen Gebieten auf Basis des §2 Absatz 2 des alten Fernmeldeabsatzgesetzes (FAG) verfügen.[149]

---

[149] vgl. BACKHAUS (1998), S.35.

6   Deutschlands   Telekommunikationsinfrastruktur   und Breitbandpenetration

Mit weitem Abstand betreibt die DTAG das größte Telekommunikationsnetz in Deutschland. Es besteht aus einem über 140.000 km langen Kabelkanal-Rohrnetz und mehr als 400.000 Kabelschachtanlagen mit über 800.000 Abzweigkästen.[150] Im Folgenden werden Daten zu der Leitungsgebundenen und drahtlosen Infrastruktur in Deutschland näher betrachtet. Im Anschluss erfolgt eine Gegenüberstellung der Breitbandpentration Deutschlands und anderer ausgewählter Länder.

6.1   Leitungsgebundene Infrastruktur – Kupferkabel

Bei den Kupferkabeln besitzt die Deutsche Telekom AG 1.479.500 km.[151] Hierbei ist nicht ersichtlich, ob es sich um aktive oder inaktive Leitungen handelt bzw. welche qualitativen Merkmale, wie Aderdurchmesser oder Kabelisolierung, kennzeichnend sind. Insgesamt wurden 45 Mio. Kupferdoppeladern in deutschen Haushalten installiert, die sich auf 7.926 Anschlussbereiche mit jeweils einem Hauptverteiler erstrecken.[152] Aufbauend auf den Kupferdoppeladern existieren in Deutschland knapp 39 Mio. aktive Telefonanschlüsse im Festnetz.[153] Dabei erfolgt eine Unterteilung in Analoganschlüsse, ISDN Anschlüsse und Primärmultiplexanschlüsse. Ein Analoganschluss wird als ein Telefonkanal gewertet, ein ISDN-Anschluss mit zwei Telefonkanälen und ein Primärmultiplexanschluss mit 32 Telefonkanälen.[154] Zu beachten ist, dass die aus der Gesamtanzahl der Telefonkanäle nicht die Anzahl der Telefonanschlüsse geschlossen werden kann. Somit ist diese oftmals verwendete Kennzahl kein geeigneter Indikator für die Verbreitung von Breitbandanschlüsse oder für den Zustand der allgemeinen Telekommunikationsinfrastruktur.

---

[150]   vgl. NODIG BAU (2006), S. 31.

[151]   vgl. DEUTSCHE TELEKOM (2006a).

[152]   vgl. FROHBERG, W. (2001), S. 9 ff.

[153]   vgl. BNA - BUNDESNETZAGENTUR (2006a), S. 29.

[154]   vgl. BNA - BUNDESNETZAGENTUR (2005b), S. 8.

6.2 Leitungsgebundene Infrastruktur - Glasfaserkabel

Im März 2005 verfügten die Telekommunikationsunternehmen in Deutschland über ca. 310.000 Glasfaserstreckenkilometer, wobei sich der Anteil DTAG auf 64% belief und die Wettbewerber 116.000 km besaßen.[155] Diese Werte dienen lediglich als Anhaltspunkt und sind nach eigenen Berechnungen weiter deutlich gestiegen. Allein im Jahresabschlussbericht 2005 der Deutschen Telekom AG beträgt die Anzahl der Glasfaserstreckenkilometer 206.300 km.[156] Durch den bereits begonnenen Ausbau des VDSL Netzes in zehn deutschen Ballungsgebieten sind weitere 10.000 km verlegt wurden (vgl. Abb. 11).

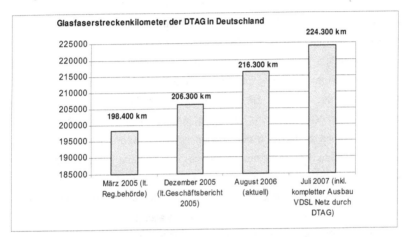

Abb. 11: Entwicklung der Glasfaserstreckenkilometer bei der DTAG
[Quelle: Eigene Darstellung]

Zum Vergleich dazu besitzt der zweitgrößte Anbieter im Festnetzmarkt die ARCOR AG & KG insgesamt 32.400 km an Glasfaserkabeln.[157]

6.2.1 Leitungsgebundene hybride Infrastruktur

Von den hybriden Teilnehmeranschlüssen der OPAL Variante wurden bis 1997 ca. 1,2 Mio. Teilnehmer angeschlossen.[158] Über die Hälfte davon wurde bereits mit

---

[155] vgl. BNA - BUNDESNETZAGENTUR (2005b), S. 8.

[156] vgl. DEUTSCHE TELEKOM (2006b).

[157] vgl. ARCOR (2006a).

Kupferkabeln neu überbaut und kann mit Breitbandanschlüssen versorgt werden. Es bestehen des Weiteren noch rund 900.000 hybride Teilnehmeranschlüsse zumeist in den alten Bundesländern basierend auf der älteren Glasfaserinfrastruktur[159] Nach eigenen Recherchen sind in Deutschland mehrheitlich FFTC Teilnehmeranschlussleitungen verlegt wurden.

6.2.2 Drahtlose Infrastruktur

Die Anzahl der Funkbasisstationen für UMTS lag im Juni 2005 bei 22.000 und für den Mobilfunk auf Basis der GSM Infrastruktur bei 64.000.[160]

T-Mobile die Mobilfunktochter der DTAG hatte als erster deutscher Netzbetreiber die Aufrüstung des bestehenden UMTS Netzes mit der HSDPA Technologie vollzogen.[161] Demzufolge erstreckt sich das derzeitige HSDPA Netz auf über 1.000 Städte in Deutschland. Besonders forciert wurde der Ausbau in Städten mit mehr als 50.000 Einwohnern. Für weitere Erhöhung der Datenübertragungsraten in weiten Teilen Deutschlands wird der Ausbau mit der EDGE Technologie begonnen.[162] Die Endgeräte der Verbraucher unterstützen neben den oben genannten auch noch GPRS. Je nach Gebiet in den sich die Kunden befinden, wird auf die verfügbare Technologie zugegriffen. Bei Vodafone werden ca. 2.000 Städte in Deutschland mit UMTS versorgt. Mit HSDPA wurde bereits in mehreren hundert Städten Versuche durchgeführt und maximale Datenraten bis zu 3,6 MBit/s erreicht. Mit einer kommerziellen Vermarktung wurde in den Ballungsgebieten Dortmund, Frankfurt/Main und Stuttgart begonnen. Anfangs richten sich die Anschlüsse mit HSDPA vor allem an Geschäftskunden, die mit bis zu 2,8 MBit/s schnelle Übertragungsraten erzielen können.[163] Weiterhin gab es im Juni 2006 über 65.000 Richtfunkstrecken mit einer Gesamtlänge von 538.000 km in Deutschland.[164] Zu verlässlichen Zahlen hinsichtlich von WiMAX Anschlüssen existieren keine

---

[158] vgl. DEUTSCHE BUNDESPOST TELEKOM (1994), S. 47.

[159] vgl. NET IM WEB (2005), S. 46.

[160] vgl. BNA - BUNDESNETZAGENTUR (2005b), S. 8.

[161] vgl. HEISE ONLINE (2006i).

[162] vgl. ONLINE KOSTEN (2006a).

[163] vgl. CHANNEL PARTNER (2006).

[164] vgl. BNA - BUNDESNETZAGENTUR (2005), S. 8.

verlässlichen Quellen. Basierend auf eigenen Recherchen beträgt die Anzahl der WiMAX Anschlüsse für private Teilnehmer im mittleren vierstelligen Bereich.

6.3   Deutschlands Breitbandanschlüsse im internationalen Vergleich

Problematisch bei den Untersuchungen sind die unterschiedlichen Daten in den Quellen. Beispielsweise gibt das Marktforschungsinstitut Point Topic für das dritte Quartal 2006 die Zahl der Breitbandanschlüsse in Deutschland mit 12,74 Mio. an. Dieser Wert wurde lt. Bundesnetzagentur bereits schon zum Ende des zweiten Quartals erreicht. Vermutlich beziehen sich die Anschlusszahlen bei Point Topic auf den Anfang des jeweiligen Quartals. Aufgrund der besseren Affinität beziehen sich die Daten bei den nachfolgenden Erläuterungen immer auf das dritte Quartal 2005 bzw.2006. Vergleicht man die weltweiten Breitbandanschlüsse in absoluten Zahlen, so liegt Deutschland an sechster Stelle (vgl. Abb. 12).

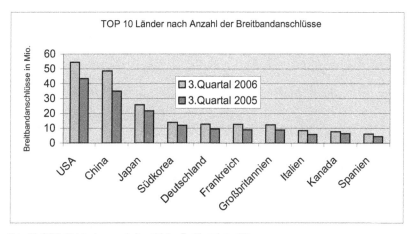

Abb. 12: TOP 10 Ländern nach Anzahl der Breitbandanschlüsse
[Quelle: eigene Darstellung in Anlehnung an: Chook 2006,S.10]

Für eine bessere Gegenüberstellung hinsichtlich der Penetration eignet sich die Anschlussdichte je 100 Einwohnern. Hierbei taucht Deutschland nicht unter den TOP 10 auf und befindet sich lediglich im Mittelfeld. Auch im europäischen Vergleich liegt Deutschland nur an achter Stelle mit 15,47 Anschlüsse je 100 Einwohnern. Angeführt werden die Penetrationsraten von den skandinavischen Ländern mit Dänemark an der Spitze (vgl. Abb. 13).

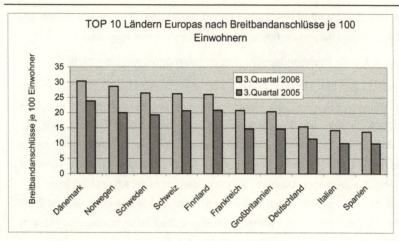

Abb. 13: Penetrationsraten je 100 Einwohner der TOP 10 Länder Europas
[Quelle: Eigene Darstellung]

7 Wirtschaftliche Betrachtungen

Dieses Kapitel widmet sich den Investitionen der einzelnen Anbieter in die Netzinfrastruktur. Schwerpunkt liegt hier in dem neuen VDSL Netz der DTAG. Es werden zwei Marktstudien dazu näher untersucht. Anschließend werden teilweise die Annahmen dieser Studie adaptiert und anhand eigener aufgestellter Szenarien betrachtet. Nach einer Auswertung dieser Studien beschäftigen sich weitere Teile des Kapitels mit den Investitionen von Kabelnetzbetreibern, Mobilfunknetzbetreiber und einer erneuten Rechnungen zu den geplanten WiMAX Netz in Dresden.

7.1 Festnetz- DTAG

Aufgrund der Dominanz von DSL Anschlüssen über die Kupferdoppelader und der Breitbandanschlüsse über das Kabelnetz liegt der Fokus der Investitionen verstärkt in der kabelgebundenen Infrastruktur in Deutschland. Die Problematik der ersten hybriden Teilnehmeranschlussleitungen (OPAL/HYTAS) soll in den nächsten zwei Jahren nahezu vollständig gelöst werden (vgl. Tz. 4.2). Bei der Steigerung des Versorgungsgrades um ein Prozent auf 91% aller Haushalte investierte die DTAG insgesamt 230 Millionen Euro. Nach eigenen Angaben kostet ein Ausbau in die restlichen neun Prozent eine Summe die den vorangegangen Investitionen entsprechen.[165] Die Glasfasergebiete der ersten Generation sollen laut Pläne der DTAG bis 2008 vollständig DSL fähig ausgebaut werden. Dafür plant der Konzern insgesamt 500 Millionen Euro für die über 1,5 Mio. betroffenen Haushalte in rund 780 Anschlussbereichen zur Verfügung zu stellen.[166] In diesen Regionen werden neben den Glasfaserleitungen neue Kupferkabel gelegt, so dass wieder eine vollständige Übertragung auf Kupferdoppeladern von der Teilnehmervermittlungsstelle bis zu den Abschlusspunkt bei den Kunden möglich ist[167]. In den regionalen Niederlassungen der Deutschen Telekom AG wird selbstständig unter wirtschaftlichen Gesichtspunkten über die Baumassnahmen, die Ende 2003 begannen, entschieden.[168] Bis Ende 2008 sollen alle Projekte zum Abschluss kommen.[169] In den HYTAS Gebieten plant die DTAG die EDA (Ethernet DSL Access) Technik der Firma

---

[165] vgl. BÜLLINGEN, F./STAMM, P. (2006b), S. 13.

[166] vgl. ders. 15.

[167] Bei Glasfaserleitungen bis zu den Nutzern (FFTB) wird diese Methode angewandt.

[168] vgl. TELTARIF – GRÖßTES DEUTSCHSPRACHIGES TELEKOMMUNIKATIONSMAGAZIN (2005).

[169] vgl. DSL WEB – DSL PORTAL (2006).

ERICSSON einzusetzen um den Kunden Breitbandanschlüsse anbieten zu können. Pilotprojekte für den Einsatz von Outdoor DSLAM´s begannen bereits im Jahr 2005. Es besteht die Möglichkeit den Kunden Übertragungsraten von bis zu 6 MBit/s anzubieten. Dabei können 30 bis 256 Teilnehmer pro DSLAM angeschlossen werden. Die DTAG betreibt die Umrüstungen nach wirtschaftlichen Gesichtspunkten, d.h. es werden OPAL/HYTAS Gebiete mit einer entsprechend hohen Nachfrage nach Breitbandanschlüssen bzw. Einwohnerdichte vorrangig ausgebaut. Jedoch wurden in der Vergangenheit außerplanmäßige Investitionen in verschiedenen Anschlussbereichen seitens der DTAG vorgenommen. Anlass waren zumeist Ankündigungen und die Realisierung alternativer Netzinfrastrukturen seitens der Wettbewerber, bspw. WiMAX Infrastrukturen aufzubauen.[170]

Im Vorfeld der IFA 2005 in Berlin kündigte die DTAG den Aufbau eines VDSL Netzes in 50 Großstädten in Deutschland an.[171] Die Verlegung von insgesamt 18.000 km neuer Glasfaserkabel und die Umrüstung von rund 74.000 Kabelverzweigern waren geplant. Die Umrüstung des Netzes sollte stufenweise erfolgen und bis Ende 2007 zum Abschluss kommen.[172]

Seit der Ankündigung der Investition kam es zu heftigen Diskussionen um die Öffnung des Netzzuganges für Konkurrenten der Telekom, da diese sich jeglicher Regulierung nicht unterwerfen möchte. Branchenverbände der Wettbewerber, wie BREKO oder VATM fordern eine Öffnung der Infrastruktur für ihre Mitglieder.[173] Unterstützung erhielten diese seitens der Bundesnetzagentur, welche mittels einer Regulierungsverfügung den Netzzugang garantieren sollte.[174] Demgegenüber vertreten aber große Teile der Bundesregierung den Standpunkt der DTAG und beabsichtigten eine entsprechende Änderung im TKG.[175] Weitere Unterstützung im Kampf für einen offenen Netzzugang erhalten die Wettbewerber seitens der Europäischen Kommission, welche der Bundesregierung mit einer Klage vor dem Europäischen Gerichtshof droht. Während der Auseinandersetzungen zwischen den

---

[170] vgl. FTD – FINANCIAL TIMES DEUTSCHLAND (2006a).

[171] vgl. DSL TARIFE (2006a).

[172] vgl. HANDELSBLATT (2006).

[173] vgl. WIWO (2006).

[174] vgl. HEISE ONLINE (2006e).

[175] vgl. NETZZEITUNG (2006a).

verschiedenen Interessengruppen verkündigte die DTAG ihre Pläne den Ausbau der VDSL Infrastruktur teilweise zu stoppen. Demnach sollte nur ein Teil der 3 Mrd. Euro realisiert werden. Dabei wollte sich der Konzern zunächst auf die zehn größten Ballungsgebiete Deutschlands konzentrieren und lediglich 20.000 Multifunktionsgehäuse und 8.000 km Glasfaserkabel installieren.[176] Das Investitionsvolumen wurde auf 500 Mio. Euro beziffert.

Wenige Monate später im Dezember 2006 billigte der Bundestag die Novellierung der Änderungen im TKG. Nur noch der Bundesrat muss seine Zustimmung dazu geben.[177] Im Zuge dessen erschienen Meldungen, dass die DTAG ihre VDSL Investitionen in allen TOP 50 Städten mit der ursprünglich geplanten Summe tätigen werde.[178] Betrachtet man den Verlauf des Ausbaus detaillierter, so bleibt festzustellen, dass die DTAG mit dem Regulierungsschutz schon frühzeitiger rechnete. Die Länge der verlegten Glasfaserkabel betrug im Sommer 2006 bereits 10.000 km. Von den Multifunktionsgehäusen wurden jedoch nur 14.000 Stück aufgestellt. Im November des gleichen Jahres verkündigte man, dass bis Ende des Jahres die Zahl auf 24.000 Stück steigen soll und bereits vier Millionen Haushalte [179] mit VDSL erreichbar sind. Insgesamt plant das Unternehmen nunmehr in den TOP 10 Städten sechs Millionen Teilnehmer zu erreichen. Für die restlichen vierzig Städte steht die geplante Anzahl der zu versorgenden Teilnehmer noch nicht fest. Bei den nachfolgenden Betrachtungen wird aber von einer Summe von 16 Mio. Teilnehmern ausgegangen, auch wenn diese Zahl sehr hoch angesetzt ist.

An dieser Stelle soll explizit darauf hingewiesen werden, dass sich die Telekom bei ihren Aussagen bezüglich der VDSL Verfügbarkeit nicht auf die Zahl der Teilnehmer bezieht, sondern auf die Summe der Kabelverzweiger. Die Aussage der DTAG das 90% und somit sechs Millionen aller Teilnehmer erreichbar sind ist sachlich nicht korrekt. Der prozentuale Anteil bezieht sich auf die Anzahl der aufrüstbaren Kabelverzweiger. Mit diesen sind lt. Unternehmensangaben sechs Millionen VDSL Teilnehmer theoretisch versorgbar. Hinsichtlich der Investitionssumme von 500 Mio.

---

[176]   vgl. NETZWELT (2006).

[177]   vgl. SPIEGEL ONLINE (2006).

[178]   vgl. ders.

[179]   vgl. T – ONLINE (2006b).

Euro sollten vorerst nur 17.000 Multifunktionsgehäuse bzw. 8.000 km Glasfaser aufgerüstet und verlegt werden.[180]

Zu der Höhe der Anschlusskosten je Teilnehmer erschienen bereits Schätzungen veröffentlicht. Beispielsweise veranschlagte das Beratungsunternehmens A.T. Kearney die Kosten bei einem Ausbau von 90% aller TOP 50 Ballungsgebiete auf 350 Euro bis 400 Euro je Anschluss.[181] Problematisch an dieser Schätzung war, dass die Summe der anzuschließenden Teilnehmer zu niedrig angesetzt wurde. Für eine realistische Abschätzung der VDSL Anschlusskosten werden für die nachfolgenden Betrachtungen die Annahmen und Ergebnisse folgender Studien herangezogen:

„Wettbewerbsökonomische Implikationen eines Regulierungsmoratoriums beim Glasfaserausbau in den Zugangsnetzen der Deutschen Telekom" von Dialog Consulting GmbH

„Technische und ökonomische Aspekte des VDSL-Ausbaus" des Wissenschaftlichen Institutes für Infrastruktur und Kommunikationsdienste (WIK)

Vorwegzunehmen sei angemerkt das beide Studien die Anzahl der benötigten Infrastrukturkomponenten unterschiedlich abschätzen. So nahm man bei VATM an, dass 210 Kunden je Kabelverzweiger angeschlossenen sind. WIK ging von 230 Teilnehmern aus.

Bei der DIALOG Consulting Marktstudie schätzt man die Zahl der Teilnehmer in der TOP 10 Ballungsgebieten auf 7,5 Mio. bzw. in den TOP 50 auf ca. 16,6 Mio. Anschlüssen.[182] Die für die Investitionen notwendigen Arbeits- und Materialkosten wurden in sieben Positionen aufgeschlüsselt und folgenden Annahmen unterworfen:

Aufgrund eines hohen Einkaufsvolumens sind 10% Rabatt am Markt für alle Kostenpositionen erzielbar.

Kosten für „geringfügigen Erdarbeiten" fallen nur bei 30% aller Strecken an.

Die Position „sonstigen Standorterschließungskosten" können aufgrund mangelnder Informationen nicht quantifiziert werden. Möglicherweise fallen Mehrkosten an.

---

[180] vgl. HERBER, R. (2006).

[181] vgl. KEARNEY, A. T. (2005), S. 28.

[182] vgl. VATM – VERBAND DER ANBIETER VON TELEKOMMUNIKATIONS- UND MEHRWERTDIENSTEN e. V. (2006a), S. 17.

Betrachtet werden bei den Berechnungen keine direkte/indirekte Kosten, operative Kosten oder Gemeinkosten. Man geht des Weiteren von einem hohen Anteil der Investitionen für die Multifunktionsgehäuse und einem niedrigen Glasfaserkostenblock aus. Im Mittel werden pro verlegten Glasfaserkilometer nur 22,05 Euro veranschlagt. Für die komplette Errichtung eines Multifunktionsgehäuses sind abzüglich Rabatt 36.000 Euro vorgesehen. Für die Glasfaserverlegung fallen in den TOP 10 Ballungsgebieten knapp 220,5 Mio. Euro für 10.000 km Lichtwellenleiter an. Das Investitionsvolumen der Multifunktionsgehäuse wird mit 1,2 Mrd. Euro angegeben. Daraus errechnet sich ein durchschnittlicher Anschlusspreis je Teilnehmer in den TOP 10 Ballungsgebieten von 188 Euro.[183] Betracht man alle geplanten Ballungsgebieten mit den erforderlichen Komponenten ergibt sich ein Durchschnittspreis von 183 Euro.[184]

Demgegenüber zieht WIK bei den Verlegungskosten für die Glasfaserkabel in den TOP 10 drei verschiedene Szenarien zu Grunde:[185]

Beim ersten Szenario (WIK 1) nutzt man vorhandene Leerkapazitäten in den Kabelschachtanlagen. Dieser Ansatz geht von der Annahme aus, in welcher Höhe Kosten bei einer weiteren Ausbringungseinheit zu verlegender Glasfaserkabelmeter entstehen. Nur Material und Verlegen ohne Tiefbauarbeiten unterliegen dieser Betrachtung und werden mit 3 Euro pro laufenden Meter angesetzt. In dem zweiten Szenario resultiert der angenommene Meterpreis von 63,75 Euro aus dem Allokationsansatz. Grundlage sind 202 Euro pro Meter für die gemeinsame Verlegung von Kupferleitungen und Glasfasern. Zu einem VDSL Anschluss werden lediglich nur 31,65 % der Gesamtkosten zugerechnet. Darin sind auch Investitionen in neue Rohre, Kabelschächte und Tiefbauarbeiten enthalten. Im dritten Ansatz rücken so genannten Stand Alone Kosten in den Blickpunkt. Alle anfallenden Kosten bei einer Verlegung von Glasfaserleitungen in den Boden fließen in dieses Szenario mit ein. Der Kostensatz schlägt mit 130 Euro je Meter zu Buche. Dieses Szenario reflektiert die Investitionen wieder, die ein Unternehmen aufbringen müsste, dass über keinerlei Infrastruktur in den Ballungsgebieten verfügt.

---

[183]   Basis 7,5 Mio. Anschlüsse.
[184]   Basis 16,6 Mio. Anschlüsse.
[185]   vgl. BRINKMANN,. M./ILIC, D. (2006), S. 26ff.

Zur Anwendung können auch Verfahren kommen, bei denen die alten Kabeln durch das Ausziehen der Kabelseele [186] mit dem gleichzeitigen Einziehen des neuen Kabels entfernt werden. Entkernte Kabelseelen aus Kupfer werden in den Rohstoffkreislauf wieder eingebracht.[187] geeignet wären beispielsweise die beiden ersteren WIK Szenarien für die diese Methode.

Anders als die Mitarbeiter der DIALOG Consulting GmbH gingen Brinkmann/Ilic lediglich von 26.000 Multifunktionsgehäusen mit einem Stückpreis in Höhe von 25.000 Euro aus. Basierend auf der Annahme das in TOP 10 Ballungsgebieten 5,5 Mio. Anschlüsse mit VDSL aufgerüstet werden und den angenommen 210 Teilnehmern je Kabelverzweiger ergeben sich 26.000 neue Multifunktionsgehäuse, jedoch ging man von 8.000 km Glasfaserkabeln aus. Bei allen drei WIK Szenarien beträgt die Investitionssumme für die Multifunktionsgehäuse 650 Mio. Euro. Die Verlegung von Glasfaser in den TOP 10 beläuft sich auf 24 bzw. 510 sowie 1.040 Mio. Euro. Die hier aufgeführten Betrachtungen lassen die Kosten für die Bereitstellung der VDSL Karten bei allen drei Varianten vorerst außer Acht. Diese Position fällt erst an, wenn ein Kunde tatsächlich ein VDSL Produkt bestellt. Somit fallen je Szenario unterschiedliche durchschnittliche Anschlusskosten an (vgl. Tabelle 8).

Tabelle 8: Durchschnittliche Anschlusskosten je Teilnehmer (WIK Szenarien)
[Quelle: Eigene Darstellung]

Kosten/Szenario	WIK 1	WIK 2	WIK 3
Multifunktionsgehäuse	650 Mio. Euro	650 Mio. Euro	650 Mio. Euro
Glasfaserkabel	24 Mio. Euro	510 Mio. Euro	1.040 Mio. Euro
Gesamtkosten	674 Mio. Euro	1.160 Mio Euro	1.690 Mio. Euro
Ø Anschlusspreis	122 Euro	210 Euro	307 Euro

---

[186]   Innenleben eines Kabels ohne den Kabelmantel.
[187]   vgl. LINTGEN, M. (2006), S. 31.

Bei den oben aufgeführten Rechnungen erfolgte keine Berücksichtigung von Betriebs-, Vertriebs- und Gemeinkosten. Diese Positionen werden nachfolgend in die Berechnungen der Anschlusskosten einbezogen.

Da im Bereich der Telekommunikation deutliche Preisänderungen auftreten können, werden für diesen Sektor entsprechende modifizierte Annuitätenmethoden vorgeschlagen. Ein Verfahren des Wissenschaftlichen Institutes für Infrastruktur und Kommunikationsdienste (WIK) beschreibt die Annuität Ann ^{WIK} durch die Multiplikation der Wiederbeschaffungswerte des Periodenanfangs mit einem Kapitalkostenfaktor. Um die Investitionen in entsprechende Kostenwerte transformieren zu können, wird dieser zunächst ermittelt. (vgl. Anhang 10). Bei dem einfachen Kapitalwertmodell fließt der ursprüngliche Investitionsbetrag in konstanten Jahresraten (Annuitäten) zurück. In diesen sind sowohl eine Abschreibungs-, als auch eine Verzinsungskomponente enthalten.[188] Die Abschreibungskomponente entspricht hier dem ökonomischen Konzept der Abschreibung. Auf die Einbeziehung von Preisveränderungen in diesem Modell wird bewusst verzichtet. Die DTAG erzielt bei dem Kauf der Technik Rabatte.[189] Es ist davon auszugehen, dass Wettbewerber, bei eigenen Investitionen in diese Infrastruktur, nicht in der Lage sind gleichartige Rabatte am Markt zu realisieren. Bei denen von der DTAG angebotene VDSL Produkten handelt es sich um die Tarife T-Home Complete Basic und T-Home Complete Plus mit Datenübertragungsraten von bis zu 25 MBit/s im Downstream. Erhältlich sind die Tarife nur in Verbindung mit einem T-Home Complete Paket mit weiteren wählbaren kostenpflichtigen Leistungen. Im Preis sind bereits eine Internet-Flatrate und der Zugang zu DSL-Telefonie enthalten.[190] Den Ergebnissen der WIK Studie liegen folgende Annahmen über ökonomische Nutzungsdauern und Zuschläge für die Infrastrukturkomponenten zu Grunde:

> ➢ Nutzungsdauer der Glasfaserinfrastruktur von 20 Jahren.

> ➢ Nutzungsdauer der Glasfaserinfrastruktur von 20 Jahren.

> ➢ Nutzungsdauer der Multifunktionsgehäuse mit Hardware von 6 Jahren.

---

[188] vgl. ICKENROTH,B.(1998), S.4ff.

[189] Telefongespräch mit Illic, D. am 2.12.2006.

[190] vgl. T - HOME (2006c).

➢ VDSL-Linecards werden 3 Jahre genutzt.

➢ Zinssatz 8% p.a.

➢ Die indirekten Investitionen[191] betragen 10% der direkten Investitionssumme, wobei es sich bei diesen Annahmen nur um die Investitionen in Glasfaserverlegung und Multifunktionsgehäuse handelt. Sie haben eine Nutzungsdauer von 10 Jahren und lassen sich in eine annualisierte Form überführen. Somit ergeben sich die jährlichen indirekten Kosten.

➢ Ein Zuschlag in Höhe von 10% wird auf die direkten und indirekten Investitionen erhoben und ergibt damit die operativen Kosten.[192]

➢ Retailkosten[193] belaufen sich auf 4 Euro je Kunde und Monat.

➢ Gemeinkosten[194] werden mit einem prozentualen Aufschlag in Höhe von 10% auf die direkten, indirekten und operativen Kosten addiert.

➢ Kosten für die erstmalige Einführung des Produktes wie z.B. Einführungswerbung, Promotion, Forschung und Entwicklung sowie steuerliche Aspekte besitzen bei den Untersuchungen keine Relevanz. Die Autoren der Studie variieren die Anzahl der Teilnehmer und berechnen anhand dessen die Durchschnittskosten je Kunde, bis diese dem Grundpreis von VDSL in Höhe von 34,99 Euro entsprechen. Der somit errechnete Break-Even hinsichtlich der Teilnehmerzahl und Ausbaukosten im ersten Szenario liegt bei ca. 760.000 VDSL Kunden und durchschnittlichen Gesamtkosten in Höhe von 26,6 Mio. Euro (vgl. Tabelle 9).

---

[191] vgl. WIK (2006) S. 30.

[192] vgl. ders S. 31.

[193] Marketing- und Akquisitionskosten, Kundenbetreuungskosten und Rechnungslegung und –versand.

[194] vgl. WIK (2006) S. 32.

Tabelle 9: Geschätzte monatliche Gesamtkosten des VDSL Ausbaus
[Quelle: eigene Darstellung in Anlehnung an: WIK (2006)S. 35]

Szenario	Durchschnittliche Kosten	Break Even VDSL Kunden
WIK 1	26,6 Mio. Euro	760.000
WIK 2	41,9 Mio. Euro	1.200.000
WIK 3	59,5 Mio. Euro	1.700.000

Dass diese Break-Even Anzahl an Teilnehmern sofort erreicht wird, ist unwahrscheinlich. In der Praxis kommt es zu einem Zeitpfad der VDSL- Penetration. Für ein realistisches Bild müssen die Investitionen und die Adaption der VDSL Anschlüsse durch die Privatkunden jedoch über einen längeren Zeithorizont betrachtet werden. Dieser geht über die Roll- Out- Phase hinaus und beträgt insgesamt sieben Jahre. Da die Kosten für indirekte Investitionen sowie die operativen Kosten und die Gemeinkostenzuschläge für die folgenden Jahre unberücksichtigt bleiben, sollen diese in den Folgejahren nach der VDSL- Einführung bei den Szenarien mit beachtet werden. Ebenfalls steigt die Anzahl der Kunden schrittweise über einen gewissen Zeitraum an. Für die Berechnung der Breitbandanschlüsse mussten eigene Annahmen getroffen werden.

Die Nutzung eines breitbandigen Anschlusses liegt in den Großstädten mit Einwohnerzahlen zwischen 100.000 bis 500.000 mit 49,3% über dem Bundesdurchschnitt. In den Städten mit mehr als 500.000 Einwohnern beträgt dieser Anteil bereits 51,3%.[195] Aufgrund dieser Angaben wird von einer durchschnittlichen Breitbandpenetration von 50% aller VDSL Plangebieten ausgegangen. Die Zahl der Anschlüsse in den TOP 10 Ballungsgebieten beträgt 7,6 Mio.[196] (vgl. Tabelle 10).

---

[195] vgl. (N)ONLINER ATLAS (2006), S. 62.

[196] vgl. VATM – VERBAND DER ANBIETER VON TELEKOMMUNIKATIONS- UND MEHRWERTDIENSTEN e. V. (2006c), S. 10.

Tabelle 10: Anzahl der mit VDSL versorgbaren Teilnehmeranschlüsse
[Quelle: Eigene Darstellung]

Gebiet	Anzahl der TAL	Breitbandanschlüsse
TOP 10	7,6 Mio.	3,8 Mio.
TOP 11-50	9,3 Mio.	4,65 Mio.
TOP 50	16,9 Mio.	8,45 Mio.

Knapp 44% aller Telefonanschlüsse befinden sich in den 50 größten Städten/Ballungsgebieten Deutschlands. Davon liegen 20% in den TOP 10 Regionen. Basierend auf diesen Daten und der Tatsache, dass in den Gebieten die Wettbewerbsintensität und die DSL Penetration höher ist als in den übrigen Regionen, werden die Marktanteile der Wettbewerber (vgl. Kapitel 6) mit einem Faktor von 1,2 gewichtet (vgl. Tabelle 11).

Tabelle 11: Gewichte Marktanteile in Ballungsgebieten Deutschlands
[Quelle: Eigene Darstellung]

Gebiet	Alternative Festnetzbetreiber	Reseller	DTAG	andere
Deutschland	28,20%	23,10%	44,20%	4,50%
TOP 50 gewichtet	33,84%	27,72%	33,04%	5,40%
absolute Zahlen	Alternative Festnetzbetreiber	Reseller	DTAG	andere
TOP 10	1.285.920	1.053.360	1.116.752	182.520
TOP 11-50	1.573.560	1.288.980	1.536.360	251.100
Summe	2.859.480	2.342.340	2.653.112	433.620

Aufgrund der bereits hohen Penetrationsraten der Breitbandanschlüsse in den Ballungsgebieten, steigen diese jährlich lediglich um 10%.

Tabelle 12: Annahmen für die VDSL Infrastruktur

[Quelle: Eigene Darstellung]

Szenario	GF Netz	Preis je km GF	Stückzahl MFGH	Stückpreis MFGH	VDSL Kunden
WIK 1	10.000 km	3.000 Euro	26.000	25.000 Euro	5,5 Mio.
WIK 2	10.000 km	63.750 Euro	26.000	25.000 Euro	5,5 Mio.
WIK 3	10.000 km	130.000 Euro	26.000	25.000 Euro	5,5 Mio.
DIALOG	10.000 km	22.050 Euro	33.000	36.000 Euro	6 Mio.
DTAG TOP 10	8.000 km	3.000 Euro	24.000	25.000 Euro	6 Mio.
DTAG TOP 50	18.000 km	3.000 Euro	74.000	25.000 Euro	16 Mio.

Bei den Szenarien wurden unterschiedliche Annahmen hinsichtlich der Kosten und Anzahl/Länge der Infrastruktur getroffen (vgl. Tabelle 15). Baut die DTAG das VDSL Netz vollständig in den TOP 50 Ballungsgebieten aus, so werden 16 Mio. mit VDSL erreichbare Kunden werden. Während der Roll- out Phase kommt es zu einem langsamen Anstieg der VDSL Kunden. Die Teilnehmer die sich für VDSL entscheiden stammen zum größten Teil von alternativen Netzbetreibern, der DTAG, Resaleanbietern und von anderen Infrastrukturanbietern bzw. Neukunden die sich erstmals für einen Breitbandanschluss entschließen werden.[197] Im ersten Jahr bestellt bei allen Szenarien jeweils 1% der Teilnehmer aus den entsprechenden Gruppen einen VDSL Anschluss. Danach steigen die VDSL Nutzer die einen Breitbandanschluss auf Basis von Kupferdoppelader bezogen hatten um 5% bzw. die Nutzer aus der Gruppe der anderen Infrastrukturen um 2% jährlich an. Jeder VDSL Kunde zahlt eine Grundgebühr von 34,99 Euro. Es erfolgt keine Preissenkung im Laufe der Jahre. Entscheidet sich ein Kunde der DTAG für VDSL und besitzt bereits einen DSL-Anschluss bei dem Unternehmen, so kann das Unternehmen lediglich

---

[197] Die Neukunden werden der Gruppe „Andere" mit zugeordnet.

monatliche Mehreinnahmen in Höhe von 5 Euro je Kunde verbuchen. Ausgangsszenario ist ein DSL Kunde der für seinen monatlichen DSL 16 MBit/s Anschluss bereits 29,99 Euro bezahlt. Die Differenz, die sich zu der VDSL Anschlussgebühr ergibt, ist die monatlichen Mehreinnahmen je Bestandskunde der DTAG. Teilnehmer die bereits einen schnellen Anschluss besitzen entscheiden sich eher für VDSL. Die DTAG nimmt für jeden Resaleanschluss im Schnitt 11,50 Euro ein.[198] Mietet ein Wettbewerber die TAL so bezahlt er durchschnittlich 12,48 Euro (inklusive einmaliger Entgelte) [199] an die Telekom (vgl. Tabelle 16). Einnahmen, welche die DTAG nicht mehr verbuchen kann. Jedoch kann mit einem gewissen Umsatz durch Telefongespräche[200] gerechnet werden. Eine Quantifizierung ist schwer möglich und wird bei den Betrachtungen nicht berücksichtigt. Neukunden, die einen Breitbandanschluss bei einem Wettbewerber (inkl. Resaleanbieter) der DTAG besaßen, müssen eine einmalige Einrichtungsgebühr in Höhe von 59,95 Euro zahlen. Des Weiteren entrichten sie eine monatliche Gebühr in Höhe von 15,95 Euro für den Telefonanschluss bei der Deutschen Telekom AG.

Tabelle 13: Umsatz und Erlös je VDSL Kunde der DTAG
[Quelle: Eigene Darstellung]

Anbieter von Breitbandanschlüsse	Umsatz je VDSL Kunde	Mindereinnahmen	Monatlicher Erlös ohne Einrichtungsgebühr
Alternative Festnetzbetreiber	50,94 Euro	12,48 Euro	38,46 Euro
Resale	50,94 Euro	11,50 Euro	39,44 Euro
Telekom	5,00 Euro		5,00 Euro
Andere	50,94 Euro		50,94 Euro

---

[198] vgl. WELT (2006).

[199] vgl. BREKO – BUNDESVERBAND BREITBANDKOMMUNIKATION e. V. (2006a).

[200] vgl. T HOME (2006a).

Des Weiteren wurden folgenden Annahmen getroffen:

> Zu den direkten Investitionen zählen auch die VDSL-Linecards. Sie stellen den einzigen Posten bei den jährlichen direkten Investitionen dar. Dadurch können die indirekten Investitionen und Kosten bzw. die operativen Kosten und die Gemeinkostenzuschläge jährlich neu ermittelt und bei den Betrachtungen mit neu einbezogen werden.

> Operativen Kosten und die Gemeinkostenzuschläge werden ebenso wie die jährlichen Erlöse mit einem Zinssatz in Höhe von 8% diskontiert.

> Jeder Neukunde ist ab Anfang des Jahres voll umsatzwirksam.[201]

> Die Mehrwertsteuererhöhung ab 2007 sowie andere Steuerarten bleiben unberücksichtigt.

> Sonst gelten die gleichen Annahmen hinsichtlich der ökonomischen Nutzungsdauern, der Zinssätze und den anderen Kostenarten wie sie bereits getroffen wurden.

Bei der Auswertung der Ergebnisse ist festzustellen, dass die Szenarien WIK 1 und DTAG TOP 10 ab dem fünften Jahr ein positives Ergebnis aufweisen. Als Grund dafür, können durch den verkleinerten Ausbau die daraus niedrigen Kosten für die Infrastruktur identifiziert werden. Das zweite Szenario von WIK und das von DIALOG Consulting weisen zwar beide erst im siebten Jahr einen Gewinn aus, jedoch fällt dieser bei WIK 2 fast doppelt so hoch aus. Die Tiefbauarbeiten sind hier um rund 60 Euro höher als beim WIK 1 Szenario, reflektieren jedoch ein realistischeres Bild, da bei der Glasfaserverlegung nicht immer auf Leerkapazitäten zurückgegriffen werden konnte. Wenn es die örtlichen Begebenheiten in der Vergangenheit erlaubten, kam es zu einer Verlegung von Leerrohren.[202]

Alle Szenarien zeigen spätestens im siebten Jahr ein positives Ergebnis auf (vgl. Abb. 14), jedoch lässt sich das mit dem Ablaufen der ökonomischen Nutzungsdauer von den Multifunktionsgehäusen erklären. Die kumulierten Verluste bis zum Erreichen eines positiven Ergebnisses liegen bei allen Szenarien im dreistelligen bis

---

[201] Wegen den hohen Investitionskosten wurde der traditionelle Ansatz zur Berechnung von umsatzwirksamen Kunden nicht berücksichtigt.

[202] vgl. DSTGB (2004), §3 Absatz 2, S. 14.

vierstelligen Millionenbereich (vgl. Tabelle 14). Aus den zugrunde liegenden Angaben bezüglich der versorgbaren TAL´s ergeben sich unterschiedliche Penetrationsraten für die jeweiligen Jahre in denen ein positives Ergebnis erzielt wird (vgl. Anhang 15 bis 20).

Tabelle 14: Break Even Penetrationsraten und kumulierte Verluste
[Eigene Darstellung]

Szenario	Jahr	Penetrationsrate zum Jahresende	Kumulierte Verluste bis Break-Even
WIK 1	2010	17%	356 Mio. Euro
WIK 2	2012	28%	740 Mio. Euro
WIK 3	2012	28%	1.250 Mio.Euro
Dialog	2012	26%	1.200 Mio. Euro
DTAG TOP 10	2010	16%	305 Mio. Euro
DTAG TOP 50	2011	17%	1.247 Mio. Euro

Das WIK Szenario 3 entspricht dem eines alternativen Festnetzbetreibers. Hierbei wird deutlich, warum die Wettbewerber der DTAG sich an den Investitionen des VDSL Netzausbaus beteiligen wollten. Ein alleiniger Aufbau ohne den Zugang zu Leerkapazitäten bei der Kabelverlegung lässt in den ersten Jahren hohe Verluste anfallen. Die Wettbewerber könnten diese aufgrund der fehlenden Größe bei Umsatz und Gewinn nicht kompensieren (vgl. Tabelle 7). Das Szenario WIK 3 ist dem eines alternativen Festnetzbetreibers nachempfunden, welcher die Netzinfrastruktur komplett neu aufbauen müsste.

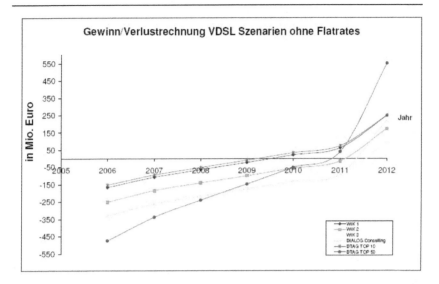

Abb. 14: Gewinn/Verlustrechnung VDSL Szenarien ohne Flatrate

[Quelle: Eigene Darstellung]

Zieht man der Vollständigkeit halber bei den Betrachtungen die Erlöse für Flatrates (Internetnutzung und VoIP) mit ein, so können theoretisch nach vier Jahren bei allen Szenarien positive Ergebnisse erzielt werden. Allerdings ist nicht bekannt, welche Kosten demgegenüber stehen. BRINKMANN/ILIC gehen davon aus, dass ein Teil der Flatrates die Kosten des Netzaufbaus decken könnten. Die Abbildung soll verdeutlichen, dass bei vorhandener Zahlungsbereitschaft für diverse Zusatzleistungen, eine signifikante Steigerung der Erlöse möglich ist (vgl. Abb.15).

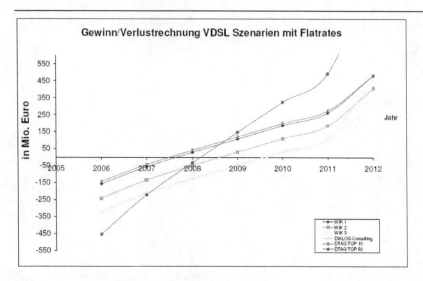

Abb. 15: Gewinn/Verlustrechnung VDSL Szenarien mit Flatrate
[Quelle: Eigene Darstellung]

Basierend auf den höheren Marktanteilen der Wettbewerber in den Ballungsgebieten, versucht die DTAG sich mit den Investitionen in das VDSL Netz technologische und wirtschaftliche Vorteile gegenüber den Konkurrenten zu verschaffen. Für diese ist es derzeitig nicht möglich ihren Kunden ebenfalls Anschlüsse mit VDSL Geschwindigkeiten anzubieten. Grund hierfür ist der eingeschränkte Zugriff zur Infrastruktur, welcher sich nur auf die Kollokationsräume- und flächen in den TVst beschränkt. Für den Aufbau einer eigenen Infrastruktur auf der „Letzten Meile", welche über die bisherige hinausgeht, fordern die Wettbewerber auf Leerkapazitäten der DTAG Zugang zu erhalten. Das Unternehmen weigert sich bisher diese Forderungen zu erfüllen.[203]

In den Multifunktionsgehäusen verwendet die DTAG IP-DSLAM der Baureihe hiX 5625 von der Kommunikationssparte der Firma SIEMENS.[204] Diese DSLAM's verfügen über fünf mit VDSL2-Karten bestückbare Slots, es können u.a. Linecards mit Platz für bis zu 72 ADSL2+ Anschlüsse eingesetzt werden. Weiterhin besteht die

---

[203] vgl. FOCUS (2005).

[204] vgl. INNOVATIONS REPORT - Forum für Wissenschaft, Industrie und Wirtschaft (2006).

Möglichkeit, dass innerhalb eines Gerätes sowohl Sprache (analoge und ISDN Anschlüsse) als auch Daten (DSL- und Ethernet-Anschlussvarianten) und alle Anschlusskarten (DSL, POTS, ISDN) genutzt werden können.[205] Mittels eines Softswitch wird der in VoIP umgesetzte Sprachverkehr zum IP-Netzwerk weitergeleitet. Zusammen mit den übrigen Daten werden die Sprachinformationen auf einen einheitlichen Datenstrom aufmoduliert und es erfolgt die Weiterleitung der Daten an die nächste höhere Netzebene über den gleichen Gigabit-Ethernet-Anschluss des DSLAM´s. Aufgrund dieser Eigenschaften werden sie als Multi Service Access Nodes (MSAN) bezeichnet. Da sich in den MSAN´s der Leitungsabschluss befindet, werden sie als kleine Version der Teilnehmervermittlungstelle bezeichnet

Zugrunde liegende Annahme bei dem vorgestellten Investitionsrechnungsmodell ist, dass die neue Infrastruktur ausschließlich für den Betrieb von VDSL-Anschlüssen genutzt wird. Da aber aller anderen Produkte mit der neuen Hardware angeboten werden können, handelte es sich um eine Teilmodernisierung mit einer gleichzeitigen Kapazitätserweiterung in der „Letzten Meile". Trotz einer Reserve an Kupferdoppeladern im Haupt- und Verzweigerkabel[206] kam es in der Vergangenheit zu Engpässen. Die Nachfrage war größer als das Angebot. Mit einem Hauptkabel auf Basis von Lichtwellenleitern ist dieses Problem hinfällig. Auch Engpässe bei den Steckplätzen für DSL-Linecards in den Teilnehmervermittlungsstellen können beseitigt werden, da zusätzlich neben dem IP-DSLAM weitere Steckplätze für DSL Linecards basierend auf der noch verfügbaren Infrastruktur der Kabelverzweiger vorhanden sind. Neben der Kapazitätserweiterung sind Einsparungen bei den Betriebs- und Wartungskosten Ziel der Modernisierungen.

Insgesamt kristallisiert sich bei der DTAG eine Aufteilung der Breitbandinfrastrukturen bezüglich der geografischen Bedingungen heraus. Dabei erfolgt eine Gliederung in drei geografische Gebiete mit den jeweiligen Geschwindigkeitsklassen (vgl. Tabelle 15). Zwar sind mit Satellitenfunk hohe

---

[205] vgl. SIEMENS (2006b).

[206] vgl. FROHBERG, W. (2001), S. 13 ff.

Übertragungsraten möglich, stehen jedoch für den privaten Nutzer in keinem angemessenen Kosten/Nutzungsverhältnis.[207]

Tabelle 15: Aufteilung Deutschlands nach Datenübertragungsraten
[Eigene Darstellung]

Geografische Lage	Anschlussart/ Technologie	Max. Datenübertragungsrate	
		Downstream	Upstream
TOP 10 Ballungsgebiete	VDSL	52 MBit/s	13 MBit/s
TOP 11-50 Städte/Ballungsgebiete kleinere Städte/Ländliche Gebiete	ADSL bzw. ADSL 2+ (Kupferdoppelader)	8 MBit/s oder 24 MBit/s	1 MBit/s
51 bis 750 Städte mittlerer Größe	ADSL2+	24 MBit/s	1 MBit/s
Gebiete mit keinerlei Eignung für drahtgebundene Breitbandanschlüsse bzw. Telefonanschlüsse	Satellitenbreitband, Rückkanal über Telefonnetz	24 MBit/s	0,124 MBit/s

7.2   Alternative Festnetzbetreiber

Investitionen auf der „Letzten Meile" determiniert sich bei den alternativen Teilnehmernetzbetreibern fast ausschließlich auf die Infrastruktur der Kollokationsräume bzw. -flächen in der Teilnehmervermittlungsstelle. Zusätzlich fallen monatliche Betriebs- und Wartungskosten, wie z.B. Energiebedarf Entlüftung oder Heizung an, welche die DTAG den Wettbewerbern in Rechnung stellt.[208] Diese Kosten werden durch die Bundesnetzagentur jährlich überprüft und bedürfen einer Genehmigung. Ebenso verlangt die Deutsche Telekom AG für die Kollokationsflächen eine monatliche Miete die je nach Region unterschiedlich hoch ausfällt. Beispielsweise sind die Kosten der Kollokationräume bzw. -flächen im Gebiet Frankfurt am Main am höchsten. Mitglieder des BREKO Verbandes investierten im Jahr 2005 insgesamt 750 Mio. Euro in die Infrastruktur ihrer Netze. In

---

[207]   vgl. SKY DSL (2006).
[208]   vgl. UNITED INTERNET (2006), S. 2.

welcher Höhe Investitionen in die „Letzte Meile" flossen ist nicht quantifizierbar. Für das Jahr 2006 planten die BREKO Unternehmen weitere 860 Mio. Euro zu investieren. Als Bedingung für die höhere Investitionssumme nannte der Verband einen diskriminierungsfreien Zugang zu der VDSL Infrastruktur der Deutschen Telekom AG.[209] Da jedoch mit einer vorläufigen Regulierungsbefreiung zu rechnen ist werden die Investitionen der BREKO Mitglieder für 2006 und den folgenden Jahren voraussichtlich niedriger ausfallen. Von den vier größten alternativen Festnetzbetreibern sind lediglich die in Tabelle 16 aufgeführten Investitionssummen bekannt.

Tabelle 16: Investitionen der alternativen Festnetzbetreiber gegenüber DTAG

[Eigene Darstellung]

Unternehmen	Infrastruktur	Investition in 2006	Investitionen ab 2007
DTAG	VDSL Netz	500 Mio. Euro	2.500 Mio. Euro
DTAG	Aufrüstung der OPAL/HYTAS Gebiete bzw. Erschließung weiterer Ortsnetze für DSL.	200 Mio. Euro	300 Mio. Euro
ARCOR AG& KG	Erschließung neuer Kollokationsräume, Umstellung auf IP	231 Mio. Euro	k.A.
Versatel	IP-basiertes Netz[210]	k.A.	k.A.
Hansenet	k.A.	k.A.	k.A.
QSC	Aufrüstung des Netzes mit ADSL2+	23 Millionen Euro	k.A.

7.2.1 ARCOR AG & KG

ARCOR ist der größte alternative Festnetzbetreiber in Deutschland und bietet in über 360 Städten Festnetzdienste an. Zukünftig plant man weiter in den Ausbau seiner

---

[209] vgl. BREKO - BUNDESVERBAND BREITBANDKOMMUNIKATION e. V. (2006d).

[210] vgl. HEISE ONLINE (2006g).

Infrastruktur zu investieren. Hierbei konzentriert sich das Unternehmen zunehmend auch auf Städte mit zwischen 20.000 bis 30.000 Einwohnern. Ein Teil der Investitionen fließt in Kollokationsräume und –flächen. Weitere Mittel sind für die die Umstellung seiner gesamten Sprach- und Datendienste auf das Internet-Protokoll vorgesehen. Insgesamt investierte ARCOR 231 Mio. Euro im Geschäftsjahr 2005/06.[211] Diese Summe soll in den Folgejahren weiterhin gesteigert werden. Darüber hinaus war auch eine eigene hybride Infrastruktur im Teilnehmerzugangsnetz beabsichtigt. Man forderte von DTAG bei zukünftigen Kabelneuverlegungen genügend Leerkapazitäten für Wettbewerber mit einzuplanen bzw. soll die Regulierungsbehörde der Telekom eine Zwangsverpflichtung auferlegen, dass Wettbewerber ungenützte Glasfaserkapazitäten und Leerohre mit benutzen bzw. eigene Technik in Kabelverzweiger installieren dürfen. Auf diese möchte das Unternehmen bei Bedarf dann zugreifen, um schnell und kostengünstig neue Infrastrukturen aufbauen zu können.[212] Das Unternehmen plant des Weiteren die Umstellung seiner gesamten Sprach- und Datendienste auf das Internet-Protokoll umzustellen. Über darüber hinausgehende Investitionstätigkeiten sind keine weiteren Angaben vorhanden.

7.2.2 Versatel Holding GmbH

Ende 2006 beauftragte die Unternehmensgruppe den Netzwerkausrüster Ericsson mit der Umstellung seiner Infrastruktur auf das Internet-Protokoll. Dafür plant man einen mehrstelligen Millionenbetrag innerhalb von zwei Jahren auszugeben.[213] Weiterhin beabsichtigt Versatel durch Zukäufe seine Position als drittgrößter Festnetzanbieter ausbauen. Bereits in der Vergangenheit bekundete die hinter Versatel stehende Private- Equity- Gesellschaft Apax Partners, L.P. Interesse an weiteren Anbietern von Breitbandanschlüsse auf Basis eigener Infrastruktur bzw. Resale. Apax war an dem Resale Geschäft der AOL Deutschland GmbH interessiert, erhielt jedoch nicht den Zuschlag. Weiterhin lag der Kauf von ARCOR AG & KG im Fokus der Gesellschafter auch hier kam Apax nicht zum Zug. Großes Interesse

---

[211] vgl. ARCOR (2006a).

[212] vgl. HEISE ONLINE (2006j).

[213] vgl. HEISE ONLINE (2006k).

besitzt man an den regionalen Stadtnetzbetreibern M-net und netcolgne.[214] Da Private- Equity Investoren bis zu zwei Dritteln ihrer Käufe über Fremdkapital finanzieren und man max. 400 Mio. Euro Eigenkapital bereit ist zu investieren, kann für die Zukäufe ein Volumen von über 1 Mrd. veranschlagt werden.[215]

7.2.3 Hansenet

Bei der Versteigerung von AOL Deutschland durch Time Warner erhielt die Muttergesellschaft von Hansenet, Telecom Italia, den Zuschlag.[216]

Hansenet ist das einzige Unternehmen, welches sich von einem Stadtnetbetreiber zu einem deutschlandweiten operierenden alternativen Festnetzbetreiber gewandelt hat. Diese Wende vollzog sich mit Hilfe von strategischen Partnerschaften die mit QSC und Telefonica geschlossen wurden bzw. Investitionsmitteln der Muttergesellschaft Telecom Italia. Gleichzeitig gewann Hansenet durch den Kauf der AOL Deutschland GmbH durch den italienischen Mutterkonzern mit einem Volumen von 675 Millionen Euro neue Anteile im Breitbandmarkt hinzu. Damit besitzt Hansenet über 1,5 Mio. Breitbandkunden in Deutschland. Den höchsten Anteil besitzen aber die Kunden von AOL die auf Basis von Resale- Anschlüssen mit Breitband versorgt werden.

Investitionen in eigene hybride Teilnehmerzugangsnetze wurden nach der Ankündigung des VDSL Netzes der DTAG vorerst eingestellt. Es sollten unter anderem in mehreren ostdeutschen Städten (bspw. Leipzig, Dresden, Schwerin und Magdeburg) neue Glasfaserinfrastrukturen aufgebaut werden. Die eingeplanten Investitionsmittel werden in anderen Ländern Europas durch den italienischen Mutterkonzern eingesetzt.[217]

7.2.4 QSC AG

Durch die Übernahme der Broadnet AG und die Gründung der gemeinsamen Tochtergesellschaft PLUSNET zusammen mit TELE2, baute die QSC AG ihre Infrastruktur weiter aus. Bis Ende 2007 sollen in 1.000 Teilnehmervermittlungsstellen neue Kollokationsräume und –flächen durch PLUSNET aufgebaut werden. Die QSC

---

[214] vgl. UMTS REPORT (2006).

[215] vgl. GOLEM – IT NEWS FÜR PROFIS (2006b).

[216] vgl. TELECOM ITALIA (2006).

[217] vgl. DSL TARIFE (2005).

AG plant in 90% der Anschlussbereiche mit eigener Infrastruktur ADSL2+ anzubieten.[218] Insgesamt investierte das Unternehmen bis zum 3.Quartal des Geschäftsjahres 2006 über 23 Mio. Euro. Des Weiteren vermietet die QSC AG Teile ihrer Infrastruktur an andere alternative Festnetzbetreiber, wie bspw. Hansenet.[219]

7.3 Kabelnetzbetreiber

Nachfolgend werden die fünf größten Kabelnetzbetreiber hinsichtlich der Investitionen in die Netzaufrüstungen näher betrachtet (vgl. Tabelle 17). Zu Beginn der Aufrüstungen kamen unter anderem aufwendige Ausbauprogramme, beispielsweise setzte Kabel NRW[220] auf das BK2000 Konzept. Die Netzaufrüstung auf 862 MHz durch den damaligen Investor Callahan kostete ca. eine Milliarde Euro für 1,2 Millionen Haushalte. Für jeden Haushalt mussten durchschnittlich 800 Euro aufgebracht werden. Es kam zu einem finanziellen Kollaps, da die Nutzerzahlen nicht groß genug waren um die Netze rentabel betreiben zu können.[221] Nachfolgende Angaben zu den bereits aufgerüsteten Teilnehmerhaushalten beziehen sich bei allen betrachteten Unternehmen auf eine der beiden unteren Netzebenen (vgl. Tabelle 17). Der größte Teil der Investitionen fällt in der Netzebene 3 an.

Tabelle 17: Investitionen der fünf größten Kabelnetzbetreiber in Deutschland
[Quelle: Eigene Darstellung]

Kabelnetzbetreiber	Region/Bundesland	Höhe der Investitionen
Kabel Deutschland	Bayern	220 Mio. Euro Geschäftsjahr 2006/2007 500 Mio. Euro (bis 2009)
Kabel BW	Baden-Württemberg	65 Mio. Euro jährlich bis 2008
UnityMedia GmbH	Nordrhein-Westfalen	k.A.

---

[218] vgl. QSC AG (2006a), S. 10 ff.

[219] vgl. QSC AG (2006b).

[220] Kabel NRW firmierte später zu dem Unternehmen ish.

[221] vgl. KABEL DEUTSCHLAND (2006), S.53.

Orion Cable (EWT Tele Columbus Nord/Ost	Bundesweit	50 Mio. Euro (EWT)
Primacom AG	Sachsen/Thüringen/ Sachsen-Anhalt	35 bis 45 Mio. Euro

7.3.1 Kabel Deutschland

Zurzeit ist KDG der größte Kabelnetzbetreiber in Deutschland mit über sechs Millionen umgerüsteten Haushalten (Stand Juli 2006). Bis Ende des 1. Quartals 2009 plant das Unternehmen insgesamt 13,9 Mio. Haushalte mit Triple Play versorgen zu können. Aktuell belaufen sich die Anschlusskosten je Wohnungseinheit zwischen 150 Euro bis 200 Euro und ein Anschluss der Hausübergabepunkte wird mit 20-30 Euro beziffert.[222] Dabei kommt das BK2k2- Konzept mit der Erweiterung des Frequenzbereiches bis 630 MHz zum Einsatz.[223] In dem Netz von KDG nutzten zum Ende des 2. Quartals 2006 rund 212.000 Kunden ihren Kabelanschluss auch für breitbandige Kommunikation. Für den Zugang zum Internet nutzten knapp 116.000 Kunden die Angebote des Unternehmens.

7.3.2 Unity Media GmbH

Zu diesem Unternehmensverbund gehört der nordrhein-westfälische Kabelnetzbetreiber ish und dessen hundertprozentige Tochter iesy aus Hessen. Im Jahr 2005 kam noch die Tele Columbus GmbH & Co. KG mit 19 operativen Tochtergesellschaften dazu. Mitte 2006 sind die Geschäftseinheiten Tele Columbus Nord und Ost an die Orion Cable GmbH verkauft wurden. Die Einheit Süd –West ging an Kabel BW und TC West wurde mit 66.000 Kunden an iesy übertragen.[224] Bis dato waren bei gesamten Tele Columbus Gruppe bereits 800.000 Haushalte Triple Play fähig von denen über 30.100 Teilnehmer einen Breitbandzugang über das

---

[222] vgl. KABEL DEUTSCHLAND (2006), S.28.

[223] vgl. BÜLLINGEN, F./STAMM, P. (2006a), S. 80.

[224] vgl. TELE COLUMBUS (2006a), S. 11.

Kabelnetz bezogen.[225] Bisher erfolgte eine Aufrüstung von 2,7 Millionen Teilnehmerhaushalten in den Netzen von ish und iesy.[226]

Teile des Netzes in NRW sind bis zu einem Frequenzbereich von 862 MHz mit dem BK2000 Konzept aufgerüstet wurden. Laufende Investitionen erfolgen nach dem Bk2k2 Konzept.[227] Über die durchschnittlichen Anschlusskosten kann aufgrund fehlender Informationen an dieser Stelle keine Angaben gemacht werden.

7.3.3 Kabel BW

An dem Unternehmen waren in der Vergangenheit internationale Banken und Private Equity Gesellschaften beteiligt. Inzwischen gehört Kabel BW dem schwedischen Finanzinvestor EQT[228], welcher laut Presseberichten 1,3 Milliarden Euro dafür bezahlt haben soll.[229] Rein rechnerisch bezahlte EQT für einen angeschlossen Haushalt der Netzebene 4 rund 566 Euro.

Im Gegensatz zu KDG und UnityMedia setzt Kabel BW bei seinen Investitionen auf das BK2000 Plus Konzept. Geplant ist weiterhin die Implementierung von redundanten Glasfaserringen mit insgesamt 16 Netzknoten in der NE 3.[230] Bis zum Jahr 2010 plant das Unternehmen einen vollständigen Ausbau seines Netzes für Triple Play Dienste. Zu den Kosten können an dieser Stelle keine Angaben gemacht werden, da keine öffentlich zugänglichen Informationen existieren.

7.3.4 Orion Cable GmbH

Ende 2005 veräußerte die damalige Eigentümerfamilie ihren Mehrheitsanteil der Augsburger ewt multimedia GmbH an ein Konsortium von Private Equity Gesellschaften und firmiert seitdem unter der Orion Cable GmbH.[231] Mit dem Zukauf der Tele Columbus Nord/Ost Gruppe baute das Unternehmen seinen Kundenstamm in der Netzebene 4 auf 3,5 Mio. aktive betriebene Kabelanschlüsse aus.

---

[225] vgl. TELE COLUMBUS (2006b), S. 12.

[226] vgl. UNITY MEDIA (2006).

[227] vgl. BÜLLINGEN F /STAMM, P. (2006a), S. 82.

[228] vgl. EQT (2006).

[229] vgl. STUTTGARTER ZEITUNG ONLINE (2006).

[230] vgl. PÄTZ, H.J. (2005), S. 4.

[231] vgl. EWT (2006).

Ewt erweitere seinen Frequenzbereich bis zu der Übernahme auf 862 MHz. Im Geschäftsjahr 2005 investierte das Unternehmen 50 Millionen Euro in neue Infrastruktur mit der 300.000 Kabelhaushalte Triple Play fähig waren.[232] Als Alternative zu DSL nutzten 32.000 Kunden den Kabelanschluss. Umgerüstet für breitbandiges Internet waren bis dato 380.000 Wohneinheiten.[233]

7.3.5 PrimaCom AG

Das börsennotierte Unternehmen plant bis Ende 2006 insgesamt 330.000 Haushalten Triple Play Anschlüsse anbieten zu können. Für das Jahr 2007 ist die Umrüstung von weiteren 100.000 Haushalten vorgesehen. Dabei wird das Frequenzspektrum mit dem BK2000 Plus Konzept auf 862 MHz erweitert.[234] Basierend auf Pressemitteilungen seitens der PrimaCom AG konnten für die in 2006/2007 geplanten Netzmodernisierungen eine durchschnittlicher Anschlusspreis von 254 Euro je Haushalt ermittelt werden (vgl. Tabelle 18).

Tabelle 18: Ausgewählte Investitionen der PrimaCom AG

[Quelle: Eigene Darstellung]

Stadt/Region	Haushalte	Investitionen	Ø Kosten je HH
Grimma ,Eilenburg/S.	14.000	4,5 Mio. Euro	322 Euro
Dresden, Wurzen Heidenau, Blankenburg	30.000	7,0 Mio. Euro	233 Euro
Mitteldeutschland geplant 2007	100.000	25,0 Mio. Euro	250 Euro
Summe	144.000	36,5 Mio. Euro	254 Euro

Deutlich wird dabei, dass bei der Aufrüstung mit dem BK2k2 Konzept, wie es von Kabel Deutschland angewendet wird und dem BK2000 Plus der PrimaCom AG die durchschnittlichen Anschlusskosten je Haushalt um bis zu 100 Euro höher liegen.

---

[232] vgl. PRIMACOM AG (2006a).

[233] vgl. ECO – Verband Der Deutschen Internetwirtschaft e.V. (2006).

[234] vgl. Geschäftsbericht PRIMA COM AG (2005) S. 3

Die Quantifizierung eventueller Kostenvorteile, beispielsweise durch Mengenrabatte, ist an dieser Stelle nicht möglich. Aufgrund dieser Tatsache erscheint offensichtlich, dass Kabel Deutschland innerhalb von kürzester Zeit seine Produkte flächendeckend anbieten möchte. Dabei versucht man die Kosten niedrig zu halten. Kritisch zu bewerten ist an dieser Stelle, dass man bei einer signifikanten Steigerung der Nachfrage mit Kapazitätsengpässen aufgrund der beschränkten Bandbreite rechnen muss. Diese zu Beheben erfordert zusätzliche Investitionen. Der Vorteil der schnellen Präsenz und eventueller rascher Marktdiffusion, kann den späteren den Nachteil von weiteren nicht abschätzbaren Investitionen nach sich ziehen. Hintergrund ist vermutlich bei dem Ausbau den Verschuldungsgrad des Unternehmens nicht zu sehr ansteigen zu lassen.

Des Weiteren erwarb die Orion Cable GmbH rund 26,7 % der PrimaCom AG Aktien. Kritisch ist an dieser Stelle zu vermerken, dass die Umsatzerlöse bei dem Geschäftsbereich mit analogen Kundenanschlüssen im ersten Halbjahr rückläufig sind. Zwar konnten im selben Zeitraum die Umsätze mit den anderen Bereichen wie Digitalfernsehen, Internet und Kabeltelefonie leicht gesteigert werden, jedoch konnten diese nicht die Verluste der Analoganschlüsse kompensieren.[235] Der Netzausbau ist jedoch kostenintensiver als bei den anderen Kabelnetzbetreibern. Weiterhin belaufen sich die langfristigen Darlehen auf knapp 320 Mio. Euro, nach dem bereits eine Umschuldung von Verbindlichkeiten in Höhe von mehr als 1 Mrd. Euro erfolgte.[236]

7.4 Regionalen Stadtnetzbetreiber

Beispielhaft für Investitionen von Stadtnetzbetreibern in breitbandfähige Festnetze erfolgt nachfolgend eine Betrachtung der NetCologne Gesellschaft für Telekommunikation mbH aus Köln und wilhelm.tel GmbH aus Norderstedt. Die vorgestellten Unternehmen zeigen auf, dass gerade die regionalen Anbieter deutlich leistungsfähigere Infrastrukturen aufbauen können als die bundesweit operierenden Unternehmen. Das hat mehrere Ursachen. Einmal sind die Unternehmen bereits seit

---

[235] vgl. PRIMA COM (2006b), S. 16.

[236] vgl. ders., S. 28.

Jahren in den Märkten tätig, da es sich zumeist um Tochtergesellschaften von kommunalen Unternehmen handelt.

7.4.1 NetCologne Gesellschaft für Telekommunikation mbH

NetCologne bietet seinen Kunden im Großraum Köln/Bonn/Aachen Breitbandanschlüsse an. Die Firma betreut rund 281.000 Telefon- und Internetkunden sowie 120.000 Kabelkunden. Über das Kabelnetz nutzen knapp 27.000 Kunden einen Breitbandanschluss. Geplant sind für das Jahr 2006 insgesamt 249.000 DSL-Kunden auf Basis von Breitbandkabel und Kupferdoppelader zu gewinnen. [237] Zwischen 1995 und 2005 hat das Unternehmen 390 Mio. Euro in seine Infrastruktur investiert. [238] Der Marktanteil breitbandiger Teilnehmerzugänge beträgt im Stadtgebiet Köln über 41%. [239] Zum größten Teil mietet das Unternehmen die TAL bei der DTAG. Um die jährlichen Kosten zwischen 28 bis 30 Mio. Euro[240] einzusparen und im Wettbewerb um Breitbandkunden nicht zurückzufallen verkündigte NetCologne im Jahr 2006 den Ausbau seines Netzes im Stadtgebiet von Köln mit FTTB Anschlüssen.[241] Das geplante Investitionsvolumen beläuft sich zwischen 250 bis 300 Millionen Euro. Über einen Zeitraum von 5 Jahren sollen die neuen Teilnehmeranschlüsse realisiert werden.[242] Beginnend in der Kölner Innenstadt soll ein sukzessiver Ausbau von 115.000 Mehrfamilienhäuser und 203.000 Gewerbegebäude erfolgen[243] Ausgenommen sind aus wirtschaftlichen Gründen Ein- und Zweifamilienhäuser.[244] Geht man von einem Investitionsvolumen von 250 Mio. Euro und insgesamt 318.000 anzuschließenden Gebäuden aus, werden im Mittel rund 790 Euro je Gebäude veranschlagt. Über die Anzahl der Haushalte können keine Angaben gemacht werden. Dadurch sind Übertragungsraten von bis zu 100 MBit/s möglich. Sie liegen doppelt so hoch wie die von der Telekom angekündigten Geschwindigkeiten. Köln gehört mit zu den Städten in denen die DTAG VDSL

---

[237] vgl. NET COLOGNE (2006b).

[238] vgl. SCHWARZFELD, G. (2006).

[239] vgl. TELTARIF – Größtes Deutschsprachiges Telekommunikationsmagazin (2006d).

[240] vgl. TELTARIF – Größtes Deutschsprachiges Telekommunikationsmagazin (2006e).

[241] Entgegen den Pressemeldungen in den Medien werden die Glasfaserkabel lediglich in die Gebäude verlegt, d.h. Fiber to the Building und nicht Fiber to the Home. Vgl. NET COLOGNE (2006a).

[242] Andere Quellen berichten schon von drei Jahren Net Cologne (2006c) oder auch von nur 200 Millionen Euro die investiert werden sollen: vgl.DSL Team (2006).

[243] vgl. ONLINE KOSTEN (2006b).

[244] vgl. TELTARIF – Größtes Deutschsprachiges Telekommunikationsmagazin (2006d).

Anschlüsse anbietet. NetCologne bietet derzeit Übertragungsraten von maximal 18 MBit/s an, bei VDSL sind mind. 25 MBit/s möglich. Das Kölner Unternehmen wäre im Wettbewerb um Kunden in diesem Segment zurückgefallen.[245] Genaue Preise für die neuen Breitbandprodukte plant NetCologne im ersten Quartal 2007 vorzustellen. [246] Es wird geplant eine 25 MBit/s-Leitung für 35 bis 40 Euro anzubieten. Das entspricht dem Preisniveau der Deutschen Telekom, jedoch ist bei NetCologne vorerst keine Abnahmeverpflichtung für weitere Produkte, mit zusätzlichen Kosten geplant.[247]

7.4.2 wilhelm.tel GmbH

In der Stadt Norderstedt bietet ein Tochterunternehmen der örtlichen Stadtwerke Breitbandanschlüsse mit denen Geschwindigkeiten im Downstream von 100 MBit/s bzw. Upstream bis zu 5 MBit/s möglich sind.[248]

Für das Produkt berechnet das Unternehmen ab Januar 2007 eine Gebühr von 60,30 Euro pro Kunde. Voraussetzung dafür ist, dass diese ebenfalls einen Kabel- und Telefonanschluss[249] bei der der wilhelm.tel GmbH besitzen. Es fallen keine Anschlussgebühren an. Wechselt ein Bestandskunde das Produkt bei der wilhelm.tel GmbH muss er einmalig 38 Euro zahlen.[250]

Die Glasfaserleitungen werden von wilhelm.tel bis an die Häuser herangeführt und dann auf einen LAN-Anschluss bis zum Kunden umgesetzt. Gebäudeintern ist mindestens eine Cat-5-Verkabelung oder aufwärts notwendig. Für diese Infrastruktur sind die Wohnungsunternehmen bzw. Hauseigentümer selbst verantwortlich.[251] Telefonanschlüsse werden über die Kupferdoppelader realisiert, welche das Unternehmen selbst verlegt hat.

---

[245] Gemeint ist, dass man Kunden die hohe Datenübertragungsraten nachfragen keine Produkte anbieten könnte.
[246] vgl. NET COLOGNE (2006c).
[247] vgl. TELTARIF – Größtes Deutschsprachiges Telekommunikationsmagazin (2006a).
[248] vgl. WILHELM TEL (2006).
[249] Für Einfamilienhäuser und Gebäude ohne Kabel-TV Gemeinschaftsversorgung ist der Kabel-TV Anschluss für 11 Euro Pflicht. Sonst kostet die Internetflatrate 37 Euro und der Telfonanschluss12, 30 Euro. vgl. WILHELM TEL (2006b).
[250] vgl. HEISE ONLINE (2006f).
[251] vgl. HEISE ONLINE (2006g).

7.5   Investitionen in drahtlose Teilnehmeranschlüsse

Im Folgenden werden die Investitionen in drahtlose Teilnehmeranschlüsse näher betrachtet. Aktuell hat aber die Versteigerung der WiMAX Frequenzen großes Medieninteresse geweckt.

7.5.1   Mobilfunk

Breitbandige Anschlüsse die von Mobilfunkunternehmen über funkbasierte Infrastruktur angeboten werden, beschränkten sich bis 2006 lediglich auf die Nutzung von UMTS. Allein für die Lizenzen um das zugelassene Frequenzspektrum nutzen zu können, ersteigerten die sechs Unternehmen bzw. Gruppen im Juli/August 2000 insgesamt 12 Frequenzblöcke zu je 2 x 5 MHz.[252] Die Versteigerungssumme belief sich auf 50,45 Mrd. Euro und es ist eine Nutzungsdauer der Frequenzen von zwanzig Jahren vorgesehen.[253] Verbunden mit dem Erwerb der Frequenzen war eine Versorgungspflicht hinsichtlich der Netzabdeckung. UMTS Dienstleistungen mussten demnach für 50% der Bevölkerung bis spätestens zum 31.12.2005 angeboten werden. Bereits bis Ende 2003 sollte der Versorgungsgrad 25% betragen.[254] Als erstes Mobilfunkunternehmen begann T-Mobile zu Beginn des Jahres 2004 Dienstleistungen über das UMTS Netz anzubieten.[255] Wenig später startete Vodafone sein UMTS Netz.

Zusätzlich zu den Lizenzen fallen für den Netzaufbau und –betrieb für ca. 5000 UMTS Basisstationen rund 2,5 Mrd. Euro an. Die gleiche Summe wird benötigt, um das Netz zu betreiben bzw. für Betreuung, Bindung und Werbung der Kunden.[256] Diese Investitionsangabe ist jedoch eine eher allgemeine Aussage, welche je nach Land und Betreiber schwankt. Aufgrund der hohen finanziellen Belastungen gab die Mobilcom Multimedia GmbH ihre erworbene Lizenz zurück.[257] Um die Lizenz der Quam GmbH läuft derzeit noch ein Rechtsstreit mit der Bundesnetzagentur. Diese forderte die Rückgabe der Lizenz, da das Unternehmen seinen Versorgungspflichten

---

[252] vgl. BNA -BUNDESNETZAGENTUR (2000a).

[253] vgl. SYSTEM WORLD (2001).

[254] vgl. BNA BUNDESNETZAGENTUR (2000b).

[255] vgl. DSL NEWS (2004).

[256] vgl. UMTS WORLD (2003).

[257] vgl. BNA- BUNDESNETZAGENTUR (2005a).

bei der Netzabdeckung nicht nachkommen konnte.[258] In Deutschland wurden für den Aufbau der UMTS Infrastruktur schätzungsweise 7,4 bis 11,4 Mrd. Euro investiert. Das entspricht bis zu einem Viertel der Lizenzkosten. Vergleicht man die Investitionen in UMTS mit den Nutzerzahlen, so standen diese in keinerlei vernünftigem Verhältnis.

Tabelle 19: Investitionen in die UMTS-Infrastuktur
[Quelle: in Anlehnung an Waldenmeier (2002), S.32]

Lizenznehmer	Kosten der Frequenz	Geplantes Investitionsvolumen
E-Plus 3G Luxemburg S.a.r.l.	8,39 Mrd. Euro	KPN plante 1,4 Mrd. Euro (Niederlanden, Belgien ,Deutschland)
Mobilcom Multimedia GmbH	8,37 Mrd. Euro	Rückgabe der Lizenz
O2 Germany GmbH & Co. OHG	8,44 Mrd. Euro	Keine Angaben vorhanden.
T-Mobile Deutschland GmbH	8,47 Mrd. Euro	3 bis 5 Mrd. Euro bis 2010
Vodafone D2 GmbH	8,42 Mrd. Euro	3 bis 5 Mrd. Euro
Quam GmbH	8,41 Mrd. Euro	Keine Angaben vorhanden.

Um die UMTS Basisstationen auf den neuen HSDPA Standard aufzurüsten, ist in den meisten Fällen lediglich ein Softwareupgrade nötig.[259] Bisher nutzen vergleichsweise nur wenige Kunden eine UMTS Produkt als Breitbandanschluss. Zwar konnten die Verkaufszahlen im Zeitraum zwischen 2005 und 2006 gesteigert werden, jedoch sind diese im Vergleich zu den Gesamtkunden sehr niedrig. Um die Akzeptanz durch die Kunden zu steigern, sind die Investitionen in entsprechende Hardware zu beachten. Bei dem Kauf eines Notebooks oder eines

---

[258] vgl. ONLINE KOSTEN – DAS NEWS MAGAZIN FÜR INTERNET PROFIS (2006d).

[259] vgl. ZD NET (2005).

Taschencomputers wird zukünftig auch die Verfügbarkeit einer integrierten UMTS/HSPA Datenschnittstelle ein relevantes Kaufkriterium sein, wie es bereits bei dem WLAN Standard 802.11 verbreitet ist. Diese Geräte wurden erstmals bei dem 3GSM World Congress in Barcelona vorgestellt und sollen bis Ende des Jahres von den verschiedenen Notebookherstellern[260] für Privatkunden angeboten werden.[261]

Bis Ende dieses Jahrzehntes sollen mit Super 3G - eine Fortsetzung bestehender UMTS Technologie - Datenraten im Downstream von bis zu 100 MBit/s erzielt werden und danach ist der Standard 4G geplant. Entsprechenden Standardisierungen für Super 3G sind für Ende 2007 beabsichtigt. Geplant ist dabei die Nutzung des gleichen Frequenzspektrums von UMTS.

Aufgrund der niedrigen Teilnehmerzahlen und der Höhe der Investitionen wird auf eine Betrachtung hinsichtlich der Wirtschaftlichkeit an dieser Stelle verzichtet.

7.5.2 WiMAX am Beispiel von DBD

Von den derzeitig in Deutschland aktiven Firmen die Anschlüsse auf Basis von WiMAX Infrastruktur anbieten, zählt auch die DBD. Anteile an diesem Unternehmen besitzt der Chiphersteller Intel. Über dessen Investmenttochter Inter Capital ist der weltweit größte Chiphersteller in mehreren Ländern an diversen WiMAX Firmen beteiligt.

Die Deutsche Breitbanddienste GmbH (DBD) schätzt das Potential von WiMAX Anschlüssen auf 8 Millionen Haushalten. Dazu zählen neben Haushalten in OPAL/HYTAS Gebieten bzw. Teilnehmer die aufgrund der Leitungslänge oder technischen Problemen keinen breitbandigen Anschluss erhalten können, auch Geschäftsleute.[262] Bei dem Aufbau seiner Infrastruktur setzt das Unternehmen auf Basisstationen der Firma Airspan Networks, Inc. aus den USA. Neben der Wirtschaftlichkeit legt die DBD GmbH vor allem Wert auf die Software. Diese ist erweiterungsfähig auf den WiMAX IEEE Standard 802.16e-2005.[263] Im Vergleich zu der UMTS Infrastruktur ist zwar auch bei WiMAX eine spätere Aufrüstung der eingesetzten Technik mittels Softwareupgrade für höhere Datenübertragungen

[260] Dell, Fujitsu Siemens Computers, Hewlett Packard, Leneovo, Acer und Samsung.

[261] vgl. WALDENMEIER, S. (2002), S. 28.

[262] vgl. PORTAL FÜR DEN DEUTSCHEN TELEKOMMUNIKATIONSMARKT (2006).

[263] vgl. DSL ON AIR - Eine Marke der DBD Deutsche Breitband Dienste GmbH (2006).

möglich. Unternehmen die Interesse an den WiMAX Frequenzen besitzen, müssen bei den Anforderungen hinsichtlich der Netzabdeckung sich nur auf die Gebiete konzentrieren für die sie eine Lizenz besitzen.

Neben Berlin, Kaiserslautern soll Dresden als weitere deutsche Großstadt ein WiMAX Netz erhalten. Der Aufbau begann bereits im November 2006 unter Leitung der DBD. Mit den geplanten Investitionen in Höhe von 10 Millionen Euro soll eine theoretische Versorgung von rund 80.000 Haushalten in mehreren Stadtteilen[264]erreicht werden.[265] Dabei erfolgt in der ersten Ausbaustufe die Installation von 30 mikrozellularen Basisstationen.[266]

Unter dem Produktnamen "MAXXonair" plant das Unternehmen Breitbandanschlüsse mit Datenraten zwischen 1 und 2 MBit/s über den regionalen Partner EuroTele anzubieten. Der Preis soll zwischen 9,99 und 19,98 Euro liegen.[267] Schliesst der Kunde einen 24-monatigen Vertrag ab, fällt die einmalige Bereitstellungsgebühr in Höhe von 29 bis 39 Euro (je nach Vertragsart) weg. Dafür stellt das Unternehmen den Kunden eine 349 Euro teure Sende- und Empfangseinheit zur Verfügung. Gleichzeitig erhält der Kunde einen Router im Wert von 99 Euro.[268] Einmalig müssen die Kunden Gebühren für die Standardinstallation in Höhe von 69,95 Euro entrichten.[269]

Bei dem dargestellten Szenario liegen zusätzlich folgende Annahmen zugrunde:

➢ Zu Beginn des Netzaufbaus entscheiden sich 5% der anschließbaren Teilnehmer in den ersten beiden Jahren für einen WiMAX Anschluss.

➢ Ab dem dritten Jahr entschließen sich 10% aller anschließbaren Teilnehmer zugunsten von WiMAX. Der Grund für die eher konservativen Annahmen resultiert aus den Ausbauplänen der OPAL/HYTAS Gebiete seitens der DTAG.

---

[264] Stadtteile: Blasewitz, Striesen, Gruna, Löbtau, Mickten, Cotta, Hellerau und Klotzsche.

[265] vgl. DNN – DRESDNER NEUESTE NACHRICHTEN (2006a).

[266] vgl. WIMAX DRESDEN (2006).

[267] vgl. DNN – Dresdner Neueste Nachrichten (2006b).

[268] Das CPE zusammen mit dem Router bleibt Eigentum der DBD GmbH.

[269] vgl. DD WIMAX – WIMAX INTERNET FÜR DRESDEN (2006).

> Die Kosten für das CPE und den Router in Höhe von 449 Euro stellt das Unternehmen den Kunden zur Verfügung. Durch technische Neuerungen sind ab dem dritten Jahr Endgeräte mit integrierter Empfangs- und Sendeeinheit erhältlich. Nur noch 80% aller Neukunden benötigen daher ein CPE.

> Je nach Vertragsart und -laufzeit entstehen für die einmalige Bereitstellung Kosten zwischen 29 und 39 Euro.

> Zur Hälfte entscheiden sich die Neukunden für den Tarif MAXXonair FUN und MAXXonair RELAX. Bei diesen Tarifen wählen jeweils 50% einen Vertrag mit 12 bzw. 24 Monaten Laufzeit.

> Basisstationen lassen sich unter der Annahme einer ökonomischen Abschreibungsdauer von sechs Jahren in eine annualisierte Form überführen. Das CPE wird zusammen mit den Routern innerhalb von drei Jahren abgeschrieben. Indirekte Investitionen nach zehn Jahren. Für beide Positionen werden Annuitäten berechnet.

> Gemeinkostenzuschläge und operative Kosten belaufen sich auf jeweils 10%. Retailkosten fallen bei jedem neu gewonnen Kunden in Höhe von 4 Euro an. Die Mehrwertsteuererhöhung bleibt unberücksichtigt. Es fallen auch sonst keine Steuern an.

Hinsichtlich der Auswertungen der wirtschaftlichen Betrachtungen lassen sich mehrere Aussagen treffen. Zum einem ist zwar nach den Ablaufen der ökonomischen Nutzungsdauern mit einem Gewinn je Nutzer zu rechnen, jedoch muss die Penetrationsrate über 16% aller theoretisch versorgbaren Teilnehmer betragen (vgl. Anhang 21). Da in den ersten Jahren keine positiven Ergebnisse erzielt werden können, ist es fraglich wie die Firma langfristig gesehen, wirtschaftlich erfolgreich am Markt tätig sein kann. Als besonders risikoreich können die Kosten für das CPE identifiziert werden. Diese betragen das bis zu 22fache der zu erwarteten Monatserlöse je Kunde. Da die Firma DBD von Intel gefördert wird und die Kosten in keinem Verhältnis zu den Einnahmen stehen, liegt hier eine starke Subventionierung seitens Intel vor.[270] Diese steht damit im Zusammenhang, dass Intel die eigenen

---

[270] vgl.INTEL (2006).

entwickelten und mit standardisierten Produkte durch die Förderung der dafür benötigten Infrastrukturen in den einzelnen Märkten massiv unterstützt. Ziel ist vermutlich eine starke Penetration der WiMAX Technologie und der hohe Absatz von WiMAX (Intel)Produkten. Für einen wirtschaftlichen Erfolg müssen die Preise für das CPE noch weiter sinken, was mit nur mit Massenproduktionen erreicht werden kann. Dazu benötigt die Technologie eine gewisse Penetrationsrate, die Intel mit seinem weltweiten Engagement versucht zu steigern. Die Förderung dieser Technologie zielt direkt auf die Geschäftsmodelle der Mobilfunknetzbetreiber ab.

8 Fazit

Es gestaltet sich als schwierig, die Entwicklungen im deutschen Privatkunden-Breitbandmarkt zu prognostizieren. Infolge von technologischen Fortschritten und massiver Investitionen in die Infrastrukturen der „Letzten Meile", konnten die Datenübertragungsraten signifikant gesteigert werden. Ein treibender Faktor ist die Möglichkeit Triple Play Dienste sowohl über das Breitbandkabelnetz als auch über das Festnetz den Kunden anbieten zu wollen. Der erste Schritt in diese Richtung erfolgte durch die Kabelnetzbetreiber. Diese begannen massiv in die Aufrüstung der Breitbandkabelnetze zu investieren. Obwohl deren Marktanteil gemessen an den gesamten Breitbandanschlüssen relativ gering war, konterte die Deutsche Telekom AG den Angriff auf ihr Geschäftsmodell Ende 2005, mit der Ankündigung eine hochleistungsfähige Infrastruktur in 50 deutschen Ballungsgebieten aufzubauen. Damit zielte sie nicht nur auf das Geschäftsmodell der Kabelnetzbetreiber ab, sondern kann gleichzeitig auch die alternativen Festnetzbetreiber unter erheblichen Wettbewerbsdruck setzen. Steigen die Bandbreitenanforderungen wie prognostiziert, so können die alternativen Festnetzbetreiber zukünftig nicht mehr den Anforderungen der Nutzer entsprechen. Langfristig gesehen, müssen sie auf die eine oder andere Art Zugang zu weiteren Bestandteilen der „Letzten Meile", wie bspw. Leerrohre oder Kabelverzweiger, erhalten. Es bleibt abzuwarten, wie und wann die Europäische Kommission der DTAG eine Pflicht zu einem diskriminierungsfreien Zugang zu der Infrastruktur für Wettbewerber auferlegt. Bis dahin müssen diese die Bedingungen der DTAG akzeptieren. Werden diese Überlegungen in Zusammenhang mit den wirtschaftlichen Betrachtungen in einem Kontext gesetzt, so lassen sich die hohen Verluste erklären, die bei der DTAG in den ersten Jahren, nach den Investitionen in die VDSL Infrastruktur, in Kauf genommen werden.

Die Infrastruktur des Kabelnetzes stellt eine direkte Konkurrenz zum Festnetz dar. Durch die starke Fragmentierung der Netzebenen behinderte sich das Kabelnetz als alternative Breitbandinfrastruktur bisher selbst. Anhand der unterschiedlichen Ausbaukonzepte lassen sich verschiedene Strategien ableiten. Unternehmen wie KDG und Unity Media planen nur einen flächendeckenden Ausbau mit einer teilweisen Erweiterung der nutzbaren Frequenzen, für hohe Datenübertragungsraten bei gleichzeitiger steigenden Teilnehmerzahl sind diese Netzausbaukonzepte nur bedingt wettbewerbsfähig. Anders positionieren sich Kabel BW und PrimaCom. Hier ist eher eine langfristige wettbewerbsfähige Strategie erkennbar. Gemeinsames Ziel aller Kabelnetzbetreiber muss es sein ihre Kundenzahlen langfristig zu steigern um am Markt bestehen zu können.

Ein Vorschlag wäre bspw. der Weiterverkauf breitbandigen Kabelanschlüsse über Reseller. Dadurch könnte wie bei DSL im Ortsnetz eine schnellere Penetration von breitbandigen Kabelnetzanschlüssen erreicht werden und zusätzlich zu den Einnahmen aus Kabelanschlussgebühren eine zweite Ertragssäule aufgebaut werden.

Bei den alternativen Festnetzbetreibern sind Zusammenschlüsse oder Übernahmen eines der wahrscheinlichsten Szenarien. Dabei werden die regionalen Betreiber, bspw. NetCologne, mit sehr gut ausgebauten Infrastrukturen, stark in den Fokus von den größeren Festnetzbetreibern rücken.

Die wirtschaftliche Betrachtung anhand des Fallbeispieles des Dresdener WiMAX Netzes, zeigt auf, dass es nur mit einem starken Partner möglich ist, die dafür benötigte Infrastruktur aufzubauen und zu betreiben. Inwieweit eine flächendeckende und damit wirtschaftliche WiMAX Infrastruktur in Deutschland installiert werden kann ist fraglich. Da einerseits nur über entsprechende Penetrationsraten in Ballungsgebieten die Wirtschaftlichkeit gesichert ist und andererseits gerade in diesen Regionen bereits schon leistungsfähige Netzinfrastrukturen etabliert sind. Zukünftige Chancen für die WiMAX Technologie können sowohl in der Nutzung im mobilen Bereich (Mobile WiMAX) als auch in Städten ohne UMTS (HSPA) Infrastruktur gesehen werden.

Im Verlauf der vorliegenden Arbeit wurden die verschiedenen Netzinfrastrukturen der Anbieter im deutschen Privatkunden-Breitbandmarkt aufgezeigt. Dabei wurde auf die unterschiedlichen Möglichkeiten der Versorgung mit Breitbandanschlüssen eingegangen. Es ist zukünftig zu erwarten, dass zwar eine fast flächendeckende Versorgung mit Teilnehmeranschlüssen, welche der Breitbanddefinition genügen, sichergestellt werden kann, fraglich ist jedoch inwieweit die bisher getätigten bzw. geplanten Investitionssummen sich amortisieren werden.

.

Anhangverzeichnis

Anhang 1: Übersicht über die verschieden Frequenzbereiche und- bänder

[Quelle: Chemgapedia (2006)]

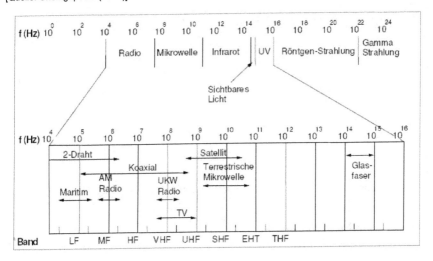

Anhang 2: Bereiche für Breitbandanwendungen
[Quelle: Eigene Darstellung]

Bereiche für Breitbandanwendungen	
Öffentlich	Privat
öffentlichen Dienstleistungen bzw. e-Gouverment, z.B. : elektronische Steuererklärung oder elektronischer Verwaltungsakt.	Teleworking: Heimarbeit zur Sicherung von Arbeitsplätzen in ländlichen Gebieten.
e-Learning, z.B. :Vernetzung von Universitäten und Forschungseinrichtungen, Breitbandanschlüsse für Schulen	Personal convenience, z.B.: Peer to Peer networking.
Überwachung, z.B. : Fernüberwachung von öffentlichen Einrichtungen und Gebäuden.	Triple Play Dienste (Internet, VoIP und TV), Online Gaming oder Video on Demand.
e-Health, medizinsche Operationen mittels ferngesteuerter Roboter.	Überwachung, z.B.: von privaten Einrichtungen oder die Betreuung älterer Menschen.

Anhang 3: Qualitätskriterien von Breitbandigen Teilnehmerzugängen

[Quelle: Eigene Darstellung]

QoS Kriterium	Erläuterung	Beispielanwendung
Fast Path	Verringerung der Signallaufzeiten („Ping") durch Deaktivierung eines Fehlerkorrekturverfahren	Online-Gaming
Latenzzeit (Cell Transfer Delay)	Zell/Paketumlaufzeit	Online-Gaming, VoIP
Jitter (Cell Delay Variation)	Laufzeitvariationen	VoIP
Cell Loss Ratio	Zell- bzw. Paketverlustwahrscheinlichkeit	IPTV
Cell Error Ratio	Zell- bzw. Paketfehlerwahrscheinlichkeit	VoIP
Unspecified Bit Rate (UBR)	Best effort (bestmögliche Übertragung)	E-Mail
Variable Bit Rate (VBR)	(a) VBR Realtime: Voraussetzung für Echtzeitanwendungen (b) VBR Non-Realtime: erforderlich für Anwendungen, die vollständige Datenübertragung aber keine Echtzeit erfordern	(a) IPTV (b) Downloads von Audiodateien

Anhang 4: Non-Voice-Anteil bei Mobilfunk
[Quelle: VATM (2006c),S.:14]

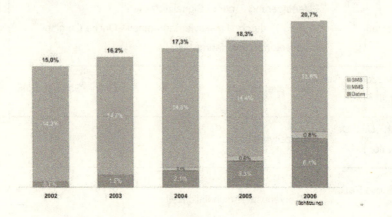

Anhang 5: Mögliche Gestaltung der NE 5

[Quelle: KDG (2006)]

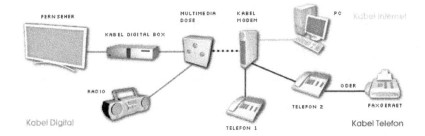

Anhang 6: Frequenzbandaufteilung BK 450
[Quelle: Klöpfer (2006). S.: 5ff.]

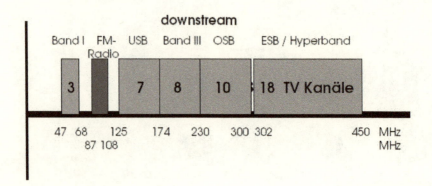

Anhang 7: Frequenzbandaufteilung BK2000/BK2000 Plus.
[Quelle: Klöpfer (2006). S.: 5ff.]

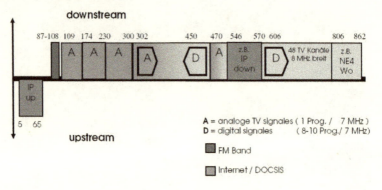

Anhang 8: Mögliche BK Ausbaukonzepte (BK2000 Konzept)

[Quelle: Klöpfer (2006). S.: 4ff.]

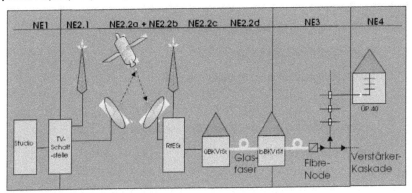

Anhang 9: Mögliche BK Ausbaukonzepte (BK2000 Plus Konzept)

[Quelle: Klöpfer (2006). S.: 4ff.]

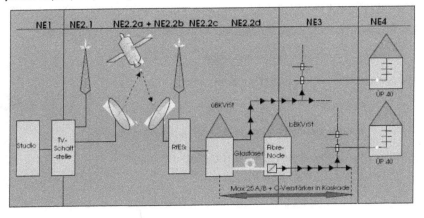

Anhang 10: Kapitalkostenfaktor nach WIK

[Quelle: Ickenrodt, B. (1998), S.4ff)

Folgende Parameter sind für die Berechnungen notwendig:

A_0 als die Anschaffungskosten,

T die Nutzungsdauer einer Anlage in Jahren,

i der Zinssatz,

j die Preisänderungsrate (bei diesen Betrachtungen gilt j=0) und

k der Kapitalkostenfaktor.

Ferner gilt:

q= 1+i ,

und

p=1+j mit p=1.

Der Kapitalkostenfaktor wird mit folgender Formel berechnet:

$$k= (i-j) / (1- (p/q)^T) \quad \text{bzw. vereinfacht:} \quad k= i / (1-(1/q)^T).$$

Die Annuität wird mit folgender Formel ermittelt:

$$\text{Ann}^{WIK} = A_{t-1} * k = A_0 * p_{t-1} * k.$$

Unter den oben aufgeführten Annahmen ergibt sich für die Annuität:

$$\text{Ann}^{WIK} = A_0 * k \text{ bzw. Ann}^{WIK} = A_0 * (i / (1-(1/q)^T)).$$

Anhang 11: Mobilitätsgrade bei drahtlosen Anschlüssen

[Quelle: in Anlehnung an Hogrefe, D (2005b)]

Mobiltätsgrad	Beschreibung	TK Geräte
Fest (ohne Mobilität)	Gerät ist geografisch über einen längeren Zeitraum fest. Es existiert eine drahtlose Verbindung zu einer Infrastruktur.	PC
Nomadisch (ohne Mobilität)	Gerät ist geografisch über einen kurzen Zeitraum fest, aber es wird von Zeit zu Zeit stets die beste Verbindung gesucht, dabei ist kein Handover möglich.	Notebook
Portabel (geringe Mobilität)	Es wird eine Datenverbindung mit dem Netz bei Schritttempo aufrechterhalten. Es existiert ein eingeschränktes Handover ggf. mit Unterbrechungen.	Notebook, PDA
Einfach mobil	Datenverbindung für „non realtime" Anwendungen mit Handover und Service-Kontinuität bei Fahrzeuggeschwindigkeit (Auto oder Bahn).	Notebook, PDA
Voll mobil	Alle Anwendungen sind bei Fahrzeuggeschwindigkeit mit unterbrechungsfreier Handover-Funktionalität möglich.	Notebook, PDA, Telefon

Anhang 12: Vor- und Nachteile der WiMAX Technologie
[Quelle: Eigene Darstellung]

Vorteile	Nachteile
Keine Sunk Cost bei Tiefbauarbeiten durch Verlegen von Kabeln und andere Komponenten in der „Letzten Meile".	Mobilität mit Handover ist nicht möglich, da dieser Standard nicht in Deutschland zugelassen ist.
Basisstationen können schnell auf- und abgebaut werden.	Frequenzen werden in insgesamt 356 Regionen in Deutschland ausgeschrieben, für jedes Gebiet musste ein Frequenzblock ersteigert werden.
WiMAX kann auch bei keiner direkten Sichtverbindung zwischen Sender und Empfänger angewandt werden.	In bestimmten Regionen sind Frequenzbänder noch für WLL reserviert. Zusätzlicher Aufwand in diesen Gebieten möglich.
Es sind höhere Bandbreiten als bei UMTS bzw. HSPA möglich.	UMTS besitzt bereits einen hohen Verbreitungsgrad in Ballungsgebieten- bzw. Regionen, dadurch Markteintritt schwieriger. HSPA wird soll weiterentwickelt werden.
Gebiete mit geringen Kundenzahlen können mit WiMAX versorgt werden.	Potentielle Chancen in den OPAL/HYTAS Gebieten fallen durch die nahezu vollständige geplante Breitbandfähigkeit der Ortsnetze weg.

Anhang 13: Kosten Kollokation

[Quelle: Bundesnetzagentur (2004a)]

Bereitstellungsentgelte	Überlassungentgelte	Zusatzkosten
Erstbestellung bzw. Nachbestellung mit Infrastruktur	Jährliche Kaltmiete zzgl. Energieversorgung und Raum-Luft-Technik (RLT), je kW Abwärmungsleistung	Mehrkosten bei Sonderbauweise von Standard - Kollokationsräumen
Auf- bzw. Umbau einer Anlage zur gesicherten Energieversorgung im	Individuelle Kollokationsfläche und Raum-Luft-Technik bei	Nachträgliche Änderungen
Auf- bzw. Umbau einer Anlage für die RLT	Bearbeitungspauschale Bestandsführung und Fakturierung	Entstörungsarbeiten am Übertragungsweg von ICP
Hochbaumaßnahme bei Eigenrealisierung der RLT	Bearbeitungspauschale für laufende Bestandsführung und Fakturierung der Raum-Luft-Technik bei Teilklimatisierung, jährlich	Hauseinführung und Führung des Kabels von ICP im Gebäude der Telekom
Auftragsabwicklung und Fakturierung der RLT, Kabelverlegung	Jährliche standortunabhängige Nebenkosten für Standard-Kollokationsräume	Rückbaumassnahmen, zzgl Bearbeitungspauschalen.
Projektierungskosten, Lieferung Verteilerschrank		Einleitung Eskalationsverfahren Raumklima

Anhang 14: Kollokationsmieten in Deutschland

[Quelle: Bundesnetzagentur (2004b)]

Teilgenehmigung

Cluster		Preis/Monat in € für 2m² Kollokationsfläche in Euro Physische und virtuelle Kollokation (Outdoor Kabine)			Preis/Monat in € für jeden weiteren m² Kollokationsfläche in Euro bis max. 18 m² Physische und virtuelle Kollokation (Outdoor Kabine)			Preis/Monat in € Virtuelle Kollokation (Outdoor Box mit 6 m²) je UVt-KVt
Nummer	Region	Fläche	Service kosten	Neben kosten	Fläche	Service kosten	Neben kosten	
1	Frankfurt	60,00	0,20	9,60	15,00	0,05	2,40	90,00
2	Düsseldorf	36,00	0,20	9,60	9,00	0,05	2,40	54,00
3	Köln	40,00	0,20	9,60	10,00	0,05	2,40	60,00
4	Stuttgart	39,20	0,20	9,60	9,80	0,05	2,40	58,80
5	München	31,60	0,20	9,60	7,90	0,05	2,40	47,40
6	Dortmund	32,00	0,20	9,60	8,00	0,05	2,40	48,00
7	Duisburg	32,00	0,20	9,60	8,00	0,05	2,40	48,00
8	Hamburg	31,40	0,20	9,60	7,85	0,05	2,40	47,10
9	Berlin	28,00	0,20	9,60	7,00	0,05	2,40	42,00
10	Dresden	26,00	0,20	9,60	6,50	0,05	2,40	39,00
11	Nürnberg	26,00	0,20	9,60	6,50	0,05	2,40	39,00
12	Essen	24,00	0,20	9,60	6,00	0,05	2,40	36,00
13	Hannover	22,00	0,20	9,60	5,50	0,05	2,40	33,00
14	100.000 - 500.000 Einw. sowie Bremen und Leipzig	23,74	0,20	9,60	5,93	0,05	2,40	35,61
15	bis zu 100.000 Einw.	21,94	0,20	9,60	5,49	0,05	2,40	32,91

Anhang 15: Fallbeispiel WIK 1

WIK Szenario 1	Neukunden im Jahr 36.366	Neukunden im Jahr 194.097	Neukunden im Jahr 213.507	Neukunden im Jahr 234.868	Neukunden im Jahr 258.343	Neukunden im Jahr 284.178	Neukunden im Jahr 312.595
Jahr	1	2	3	4	5	6	7
Gesamtkunden	36.366	230.463	443.990	678.847	937.191	1.221.368	1.533.964
VDSL Pentrationsrate an allen erreichbaren Teil	1%	4%	8%	12%	17%	22%	28%
Investitionen Multifunktionsgehäuse	650.000.000 €						
Ann WIK Multifunktionsgehäuse (6 Jahre)	140.605.001 €	140.605.001 €	140.605.001 €	140.605.001 €	140.605.001 €	140.605.001 €	- €
Investitionen Glasfaser	30.000.000 €						
Ann WIK Glasfaser (20 Jahre)	3.055.566 €	3.055.566 €	3.055.566 €	3.055.566 €	3.055.566 €	3.055.566 €	3.055.566 €
Investitionen VDSL-Linecards	2.546.986 €	13.586.804 €	14.945.484 €	16.440.033 €	18.084.036 €	19.892.440 €	21.881.684 €
Ann WIK Karten 1.Jahr für (3 Jahre)	988.316 €	988.316 €	988.316 €				
Ann WIK Karten 2.Jahr (3 Jahre)		5.272.135 €	5.272.135 €	5.272.135 €			
Ann WIK Karten 3.Jahr (3 Jahre)			5.799.349 €	5.799.349 €	5.799.349 €		
Ann WIK Karten 4.Jahr (3 Jahre)				6.379.284 €	6.379.284 €	6.379.284 €	
Ann WIK Karten 5.Jahr (3 Jahre)					7.017.212 €	7.017.212 €	7.017.212 €
Ann WIK Karten 6.Jahr (3 Jahre)						7.718.933 €	7.718.933 €
Ann WIK Karten 7.Jahr (3 Jahre)							8.490.827 €
indirekte Investitionen	68.254.699 €	1.368.680 €	1.494.546 €	1.644.003 €	1.800.404 €	1.989.244 €	2.188.168 €
Ann WIK indirekte Kosten vom 1.Jahr	10.171.963 €	10.171.963 €	10.171.963 €	10.171.963 €	10.171.963 €	10.171.963 €	10.171.963 €
Ann WIK indirekte Kosten vom 2.Jahr		202.483 €	202.483 €	202.483 €	202.483 €	202.483 €	202.483 €
Ann WIK indirekte Kosten vom 3.Jahr			222.732 €	222.732 €	222.732 €	222.732 €	222.732 €
Ann WIK indirekte Kosten vom 4.Jahr				245.005 €	245.005 €	245.005 €	245.005 €
Ann WIK indirekte Kosten vom 5.Jahr					269.505 €	269.505 €	269.505 €
Ann WIK indirekte Kosten vom 6.Jahr						296.456 €	296.456 €
Ann WIK indirekte Kosten vom 7.Jahr							326.102 €
operative Kosten (diskontiert)	7.080.169 €	1.363.841 €	1.409.468 €	1.435.569 €	1.462.154 €	1.489.231 €	1.516.809 €
Gemeinkosten (diskontiert)	16.190.101 €	14.970.306 €	14.379.888 €	13.764.185 €	12.894.647 €	12.092.151 €	2.491.287 €
jährliche Gesamtkosten	178.091.116 €	176.649.612 €	182.106.901 €	187.153.272 €	189.324.902 €	189.785.523 €	42.024.880 €
Kosten im Monat	14.840.926 €	14.720.801 €	15.175.575 €	15.596.106 €	15.693.742 €	15.813.794 €	3.502.073 €
monatliche Retailkosten	145.542 €	853.640 €	1.522.598 €	2.155.563 €	2.755.452 €	3.324.971 €	3.866.630 €
Umsatz (alternative Festnetzbetreiber)	494.565 €	3.214.671 €	6.206.789 €	9.498.118 €	13.118.579 €	17.101.087 €	21.481.846 €
Umsatz (Reseller)	415.445 €	2.700.394 €	5.213.837 €	7.978.625 €	11.019.891 €	14.365.284 €	18.045.217 €
Umsatz (Telekom)	55.838 €	362.944 €	700.762 €	1.072.361 €	1.481.120 €	1.930.755 €	2.425.354 €
Umsatz (andere)	92.976 €	297.522 €	522.523 €	770.025 €	1.042.276 €	1.341.763 €	1.671.177 €
monatliche diskontierte Umsätze	1.059.823 €	6.088.455 €	10.840.116 €	15.336.147 €	19.597.268 €	23.642.698 €	27.490.264 €
einmaliger Einrichtungspreis	1.511.819 €	7.364.738 €	7.501.122 €	7.640.031 €	7.781.513 €	7.925.615 €	8.072.396 €
minimales T-Home Paket	- €	- €	- €	- €	- €	- €	- €
Gewinn/Verlust im Jahr	-165.619.922 €	-106.467.088 €	-62.795.570 €	-21.346.240 €	21.558.402 €	61.972.814 €	249.531.116 €
monatlicher Gewinn/Verlust je Nutzer	-379,32 €	-38,49 €	-11,79 €	-2,62 €	1,92 €	4,23 €	13,56 €

Anhang 16: Fallbeispiel WIK 2

WIK Szenario 2	Neukunden im Jahr 36.396	Neukunden im Jahr 194.097	Neukunden im Jahr 213.507	Neukunden im Jahr 234.998	Neukunden im Jahr 258.343	Neukunden im Jahr 284.178	Neukunden im Jahr 312.595
Jahr	1	2	3	4	5	6	7
Gesamtkunden	36.396	230.483	443.990	678.847	937.191	1.221.388	1.533.964
VDSL Penetrationsrate an allen erreichbaren Teil	1%	4%	8%	12%	17%	22%	28%
Investitionen Multifunktionsgehäuse	650.000.000 €						
Ann WIK Multifunktionsgehäuse (6 Jahre)	140.605.001 €	140.605.001 €	140.605.001 €	140.605.001 €	140.605.001 €	140.605.001 €	- €
Investitionen Glasfaser	637.500.000 €						
Ann WIK Glasfaser (20 Jahre)	64.930.783 €	64.930.783 €	64.930.783 €	64.930.783 €	64.930.783 €	64.930.783 €	64.930.783 €
Investitionen VDSL-Linecards	2.546.986 €	13.586.804 €	14.945.484 €	16.440.033 €	18.084.036 €	19.892.440 €	21.881.684 €
Ann Karten 1.Jahr für (3 Jahre)	988.316 €	988.316 €	988.316 €				
Ann Karten 2.Jahr (3 Jahre)		5.272.135 €	5.272.135 €	5.272.135 €			
Ann Karten 3.Jahr (3 Jahre)			5.799.349 €	5.799.349 €	5.799.349 €		
Ann Karten 4.Jahr (3 Jahre)				6.379.284 €	6.379.284 €	6.379.284 €	
Ann Karten 5.Jahr (3 Jahre)					7.017.212 €	7.017.212 €	7.017.212 €
Ann Karten 6.Jahr (3 Jahre)						7.718.933 €	7.718.933 €
Ann Karten 7.Jahr (3 Jahre)							8.490.827 €
indirekte Investitionen	129.004.699 €	1.398.680 €	1.494.548 €	1.644.003 €	1.808.404 €	1.989.244 €	2.188.168 €
Ann indirekte Kosten vom 1.Jahr	19.225.504 €	19.225.504 €	19.225.504 €	19.225.504 €	19.225.504 €	19.225.504 €	19.225.504 €
Ann indirekte Kosten vom 2.Jahr		202.483 €	202.483 €	202.483 €	202.483 €	202.483 €	202.483 €
Ann indirekte Kosten vom 3.Jahr			222.732 €	222.732 €	222.732 €	222.732 €	222.732 €
Ann indirekte Kosten vom 4.Jahr				245.005 €	245.005 €	245.005 €	245.005 €
Ann indirekte Kosten vom 5.Jahr					269.505 €	269.505 €	269.505 €
Ann indirekte Kosten vom 6.Jahr						296.456 €	296.456 €
Ann indirekte Kosten vom 7.Jahr							326.102 €
operative Kosten (diskontiert)	13.155.169 €	13.363.841 €	1.409.468 €	1.435.569 €	1.462.154 €	1.489.231 €	1.516.809 €
Gemeinkosten (diskontiert)	23.890.477 €	21.537.784 €	20.460.896 €	19.394.738 €	18.108.123 €	16.919.443 €	6.961.002 €
jährliche Gesamtkosten	262.795.250 €	254.145.848 €	259.116.668 €	263.712.584 €	264.467.135 €	265.521.573 €	117.423.354 €
Kosten im Monat	21.899.604 €	21.178.821 €	21.593.055 €	21.976.049 €	22.038.928 €	22.126.798 €	9.785.279 €
monatliche Retailkosten	145.542 €	863.640 €	1.522.598 €	2.155.563 €	2.755.452 €	3.324.971 €	3.866.630 €
Umsatz (alternative Festnetzbetreiber)	494.565 €	3.214.671 €	6.206.789 €	9.498.118 €	13.118.579 €	17.101.087 €	21.481.846 €
Umsatz (Reseller)	415.445 €	2.700.394 €	5.213.837 €	7.978.625 €	11.019.891 €	14.366.284 €	18.045.217 €
Umsatz (Telekom)	55.836 €	362.944 €	700.762 €	1.072.361 €	1.481.120 €	1.930.755 €	2.425.364 €
Umsatz (andere)	92.976 €	297.522 €	522.523 €	770.025 €	1.042.276 €	1.341.753 €	1.671.177 €
monatliche diskontierte Umsätze	1.058.823 €	6.088.455 €	10.840.116 €	15.336.147 €	19.597.268 €	23.642.698 €	27.490.264 €
einmaliger Einrichtungspreis	1.511.819 €	7.364.738 €	7.501.122 €	7.640.031 €	7.781.513 €	7.925.615 €	8.072.386 €
minimales T-Home Paket	- €	- €	- €	- €	- €	- €	- €
Gewinn/Verlust im Jahr	-250.324.057 €	-183.963.324 €	-139.805.326 €	-97.905.552 €	-54.583.832 €	-13.783.226 €	174.132.643 €
monatlicher Gewinn/Verlust je Nutzer	-573,31 €	-66,51 €	-26,24 €	-12,02 €	-4,85 €	-0,94 €	9,46 €

Anhang 17: Fallbeispiel WIK 3

WIK Szenario 3	Neukunden im Jahr	Neukunden im Jahr	Neukunden im Jahr	Neukunden im Jahr	Neukunden im Jahr	Neukunden im Jahr	Neukunden im Jahr
	36.396	194.097	213.507	234.858	258.343	284.178	312.595
Jahr	1	2	3	4	5	6	7
Kundenzugang	36.396	230.483	443.990	678.847	937.191	1.221.368	1.533.964
VDSL Pentrationsrate an allen erreichbaren Teil	1%	4%	8%	12%	17%	22%	28%
Investitionen Multifunktionsgehäuse	660.000.000 €						
Ann WIK Multifunktionsgehäuse (6 Jahre)	140.605.001 €	140.605.001 €	140.605.001 €	140.605.001 €	140.605.001 €	140.605.001 €	140.605.001 €
Investitionen Glasfaser	1.300.000.000 €						
Ann WIK Glasfaser (20 Jahre)	132.407.871 €	132.407.871 €	132.407.871 €	132.407.871 €	132.407.871 €	132.407.871 €	132.407.871 €
Investitionen VDSL-Linecards	2.546.986 €	13.586.804 €	14.945.484 €	16.440.033 €	18.084.036 €	19.892.440 €	21.881.684 €
Ann WIK Karten 1.Jahr für (3 Jahre)	988.316 €	988.316 €	988.316 €				
Ann WIK Karten 2.Jahr (3 Jahre)		5.272.135 €	5.272.135 €	5.272.135 €			
Ann WIK Karten 3.Jahr (3 Jahre)			5.799.349 €	5.799.349 €	5.799.349 €		
Ann WIK Karten 4.Jahr (3 Jahre)				6.379.284 €	6.379.284 €	6.379.384 €	
Ann WIK Karten 5.Jahr (3 Jahre)					7.017.212 €	7.017.212 €	7.017.212 €
Ann WIK Karten 6.Jahr (3 Jahre)						7.718.933 €	7.718.933 €
Ann WIK Karten 7.Jahr (3 Jahre)							8.490.827 €
indirekte Investitionen	195.254.699 €	1.363.680 €	1.494.548 €	1.644.003 €	1.809.404 €	1.989.244 €	2.188.168 €
Ann WIK indirekte Kosten vom 1.Jahr	29.098.708 €	29.098.708 €	29.098.708 €	29.098.708 €	29.098.708 €	29.098.708 €	29.098.708 €
Ann WIK indirekte Kosten vom 2.Jahr		202.483 €	202.483 €	202.483 €	202.483 €	202.483 €	202.483 €
Ann WIK indirekte Kosten vom 3.Jahr			222.732 €	222.732 €	222.732 €	222.732 €	222.732 €
Ann WIK indirekte Kosten vom 4.Jahr				245.005 €	245.005 €	245.005 €	245.005 €
Ann WIK indirekte Kosten vom 5.Jahr					269.505 €	269.505 €	269.505 €
Ann WIK indirekte Kosten vom 6.Jahr						296.456 €	296.456 €
Ann WIK indirekte Kosten vom 7.Jahr							326.102 €
operative Kosten (diskontiert)	19.780.169 €	1.383.841 €	1.409.468 €	1.435.569 €	1.462.154 €	1.489.231 €	1.516.809 €
Gemeinkosten (diskontiert)	32.288.007 €	28.699.848 €	27.092.427 €	25.535.064 €	23.793.600 €	22.183.774 €	11.835.382 €
jährliche Gesamtkosten	355.168.072 €	336.668.004 €	343.098.490 €	347.203.191 €	347.502.905 €	348.136.196 €	199.648.026 €
Kosten im Monat	29.597.339 €	28.221.517 €	28.591.541 €	28.933.599 €	28.968.575 €	29.011.350 €	16.637.335 €
monatliche Retailkosten	145.542 €	853.640 €	1.522.598 €	2.155.563 €	2.755.452 €	3.324.971 €	3.866.630 €
Umsatz (alternative Festnetzbetreiber)	494.565 €	3.214.871 €	6.206.789 €	9.498.118 €	13.118.579 €	17.101.087 €	21.481.846 €
Umsatz (Reseller)	415.445 €	2.700.394 €	5.213.837 €	7.978.625 €	11.019.891 €	14.365.284 €	18.045.217 €
Umsatz (Telekom)	55.838 €	362.944 €	700.762 €	1.072.361 €	1.481.120 €	1.930.755 €	2.425.354 €
Umsatz (andere)	92.976 €	297.522 €	522.523 €	770.025 €	1.042.276 €	1.341.753 €	1.671.177 €
monatliche diskontierte Umsätze	1.058.823 €	6.088.455 €	10.840.116 €	15.336.147 €	19.597.268 €	23.642.698 €	27.490.264 €
einmaliger Einrichtungspreis	1.511.819 €	7.364.738 €	7.501.122 €	7.640.031 €	7.781.513 €	7.925.615 €	8.072.386 €
minimales T-Home Paket	- €	- €	- €	- €	- €	- €	- €
Gewinn/Verlust im Jahr	-342.696.878 €	-308.475.680 €	-223.787.159 €	-181.396.159 €	-137.619.601 €	-96.397.899 €	91.907.971 €
monatlicher Gewinn/Verlust je Nutzer	-784,87 €	-97,07 €	-42,00 €	-22,27 €	-12,24 €	-6,59 €	4,99 €

Anhang 18: Fallbeispiel Dialog Consulting

DIALOG Consulting	Neukunden im Jahr	Neukunden im Jahr	Neukunden im Jahr	Neukunden im Jahr	Neukunden im Jahr	Neukunden im Jahr	Neukunden im Jahr
	36.396	194.097	213.507	234.858	258.343	284.178	312.595
Jahr	1	2	3	4	5	6	7
Kundenzugang	36.396	230.483	443.990	678.847	937.191	1.221.368	1.533.964
VDSL Penetrationsrate an allen erreichbaren Teil	1%	4%	7%	11%	16%	20%	26%
Investitionen Multifunktionsgehäuse	1.188.000.000 €						
Ann WIK Multifunktionsgehäuse (6 Jahre)	256.982.679 €	256.982.679 €	256.982.679 €	256.982.679 €	256.982.679 €	256.982.679 €	- €
Investitionen Glasfaser	176.400.000 €						
Ann WIK Glasfaser (20 Jahre)	17.966.730 €	17.966.730 €	17.966.730 €	17.966.730 €	17.966.730 €	17.966.730 €	17.966.730 €
Investitionen VDSL-Linecards	2.546.996 €	13.586.804 €	14.945.484 €	16.440.033 €	18.084.036 €	19.892.440 €	21.881.684 €
Ann WIK Karten 1.Jahr für (3 Jahre)	988.316 €	988.316 €	988.316 €				
Ann WIK Karten 2.Jahr (3 Jahre)		5.272.135 €	5.272.135 €	5.272.135 €			
Ann WIK Karten 3.Jahr (3 Jahre)			5.799.349 €	5.799.349 €	5.799.349 €		
Ann WIK Karten 4.Jahr (3 Jahre)				6.379.284 €	6.379.284 €	6.379.284 €	
Ann WIK Karten 5.Jahr (3 Jahre)					7.017.212 €	7.017.212 €	7.017.212 €
Ann WIK Karten 6.Jahr (3 Jahre)						7.718.933 €	7.718.933 €
Ann WIK Karten 7.Jahr (3 Jahre)							8.490.827 €
indirekte Investitionen	136.694.699 €	1.358.680 €	1.494.548 €	1.644.003 €	1.809.404 €	1.989.244 €	2.188.168 €
Ann WIK indirekte Kosten vom 1.Jahr	20.371.541 €	20.371.541 €	20.371.541 €	20.371.541 €	20.371.541 €	20.371.541 €	20.371.541 €
Ann WIK indirekte Kosten vom 2.Jahr		202.483 €	202.483 €	202.483 €	202.483 €	202.483 €	202.483 €
Ann WIK indirekte Kosten vom 3.Jahr			222.732 €	222.732 €	222.732 €	222.732 €	222.732 €
Ann WIK indirekte Kosten vom 4.Jahr				245.005 €	245.005 €	245.005 €	245.005 €
Ann WIK indirekte Kosten vom 5.Jahr					269.505 €	269.505 €	269.505 €
Ann WIK indirekte Kosten vom 6.Jahr						296.456 €	296.456 €
Ann WIK indirekte Kosten vom 7.Jahr							326.102 €
operative Kosten (diskontiert)	13.924.169 €	1.383.841 €	1.409.468 €	1.435.569 €	1.462.154 €	1.489.231 €	1.516.809 €
Gemeinkosten (diskontiert)	31.023.343 €	26.071.086 €	26.510.239 €	24.995.992 €	23.294.469 €	21.721.615 €	4.073.690 €
jährliche Gesamtkosten	341.256.778 €	331.238.811 €	335.725.672 €	339.873.498 €	340.213.142 €	340.883.406 €	68.718.025 €
Kosten im Monat	28.438.065 €	27.603.234 €	27.977.139 €	28.322.792 €	28.361.095 €	28.406.951 €	5.726.502 €
monatliche Retailkosten	145.542 €	853.640 €	1.522.598 €	2.155.563 €	2.755.452 €	3.324.971 €	3.866.630 €
Umsatz (alternative Festnetzbetreiber)	494.565 €	3.214.671 €	6.206.789 €	9.498.118 €	13.118.579 €	17.101.087 €	21.481.846 €
Umsatz (Reseller)	415.445 €	2.700.394 €	5.213.837 €	7.978.625 €	11.019.891 €	14.365.284 €	18.045.217 €
Umsatz (Telekom)	55.838 €	362.944 €	700.762 €	1.072.361 €	1.481.120 €	1.930.755 €	2.425.364 €
Umsatz (andere)	92.976 €	297.572 €	522.523 €	770.025 €	1.042.276 €	1.341.753 €	1.671.177 €
monatliche diskontierte Umsätze	1.058.823 €	6.098.455 €	10.840.116 €	15.336.147 €	19.597.268 €	23.642.688 €	27.490.264 €
einmaliger Einrichtungspreis	1.511.819 €	7.364.738 €	7.501.122 €	7.640.031 €	7.781.513 €	7.925.615 €	8.072.386 €
minimales T-Home Paket	- €	- €	- €	- €	- €	- €	- €
Gewinn/Verlust im Jahr	-328.786.584 €	-261.056.287 €	-216.414.341 €	-174.056.466 €	-130.329.639 €	-89.145.089 €	222.837.972 €
monatlicher Gewinn/Verlust je Nutzer	-753,01 €	-94,39 €	-40,62 €	-21,37 €	-11,59 €	-6,06 €	12,11 €

Anhang 19: Fallbeispiel DTAG TOP 10

DTAG TOP 10	Neukunden im Jahr	Neukunden im Jahr	Neukunden im Jahr	Neukunden im Jahr	Neukunden im Jahr	Neukunden im Jahr	Neukunden im Jahr
	36.396	194.097	213.507	234.668	258.343	284.178	312.595
Jahr	1	2	3	4	5	6	7
Kundenzugang	36.396	230.483	443.990	678.847	937.191	1.221.368	1.533.964
VDSL Pentrationsrate an allen erreichbaren Teil	1%	4%	7%	11%	16%	20%	26%
Investitionen Multifunktionsgehäuse	600.000.000 €						
Inv WIK Multifunktionsgehäuse (6 Jahre)	129.789.232 €	129.789.232 €	129.789.232 €	129.789.232 €	129.789.232 €	129.789.232 €	– €
Investitionen Glasfaser	24.000.000 €						
Inv WIK Glasfaser (20 Jahre)	3.055.566 €	3.055.566 €	3.055.566 €	3.055.566 €	3.055.566 €	3.055.566 €	3.055.566 €
Investitionen VDSL-Linecards	2.546.986 €	13.586.804 €	14.945.464 €	16.440.033 €	18.084.036 €	19.892.440 €	21.881.684 €
Inv WIK Karten 1.Jahr für (3 Jahre)	988.316 €	988.316 €	988.316 €				
Inv WIK Karten 2.Jahr (3 Jahre)		5.272.135 €	5.272.135 €	5.272.135 €			
Inv WIK Karten 3.Jahr (3 Jahre)			5.799.349 €	5.799.349 €	5.799.349 €		
Inv WIK Karten 4.Jahr (3 Jahre)				6.379.284 €	6.379.284 €	6.379.284 €	
Inv WIK Karten 5.Jahr (3 Jahre)					7.017.212 €	7.017.212 €	7.017.212 €
Inv WIK Karten 6.Jahr (3 Jahre)						7.718.933 €	7.718.933 €
Inv WIK Karten 7.Jahr (3 Jahre)							8.490.827 €
indirekte Investitionen	62.654.699 €	1.360.680 €	1.494.548 €	1.644.003 €	1.800.404 €	1.989.244 €	2.188.168 €
Inv WIK indirekte Kosten vom 1.Jahr	9.337.398 €	9.337.398 €	9.337.398 €	9.337.398 €	9.337.398 €	9.337.398 €	9.337.398 €
Inv WIK indirekte Kosten vom 2.Jahr		202.483 €	202.483 €	202.483 €	202.483 €	202.483 €	202.483 €
Inv WIK indirekte Kosten vom 3.Jahr			222.732 €	222.732 €	222.732 €	222.732 €	222.732 €
Inv WIK indirekte Kosten vom 4.Jahr				245.005 €	245.005 €	245.005 €	245.005 €
Inv WIK indirekte Kosten vom 5.Jahr					269.505 €	269.505 €	269.505 €
Inv WIK indirekte Kosten vom 6.Jahr						296.456 €	296.456 €
Inv WIK indirekte Kosten vom 7.Jahr							326.102 €
operative Kosten (diskontiert)	6.520.169 €	1.383.841 €	1.409.468 €	1.435.569 €	1.462.154 €	1.489.231 €	1.516.809 €
Gemeinkosten (diskontiert)	14.969.068 €	13.891.571 €	13.381.060 €	12.839.344 €	12.039.313 €	11.299.249 €	2.438.695 €
jährliche Gesamtkosten	164.659.748 €	163.920.543 €	169.457.739 €	174.578.097 €	175.818.233 €	177.322.286 €	41.137.723 €
Kosten im Monat	13.721.646 €	13.660.045 €	14.121.478 €	14.548.175 €	14.651.519 €	14.776.857 €	3.428.144 €
monatliche Retailkosten	145.542 €	853.640 €	1.522.598 €	2.155.563 €	2.755.452 €	3.324.971 €	3.866.630 €
Umsatz (alternative Festnetzbetreiber)	494.565 €	3.214.571 €	6.206.789 €	9.498.118 €	13.118.579 €	17.101.087 €	21.481.846 €
Umsatz (Reseller)	415.445 €	2.700.394 €	5.213.837 €	7.978.625 €	11.019.891 €	14.365.284 €	18.045.217 €
Umsatz (Telekom)	55.838 €	362.944 €	700.762 €	1.072.361 €	1.461.120 €	1.930.755 €	2.425.354 €
Umsatz (andere)	92.976 €	297.522 €	522.523 €	770.025 €	1.042.276 €	1.341.753 €	1.671.177 €
monatliche diskontierte Umsätze	1.058.823 €	6.088.455 €	10.840.116 €	15.336.147 €	19.597.268 €	23.642.638 €	27.490.264 €
einmaliger Einrichtungspreis	1.511.819 €	7.364.738 €	7.501.122 €	7.640.031 €	7.781.513 €	7.925.615 €	8.072.396 €
minimaler T-Home Paket	– €	– €	– €	– €	– €	– €	– €
Gewinn/Verlust im Jahr	-152.198.555 €	-99.738.019 €	-50.146.407 €	-8.771.064 €	34.065.071 €	74.416.051 €	250.418.273 €
monatlicher Gewinn/Verlust je Nutzer	-348,56 €	-33,89 €	9,41 €	-1,08 €	3,03 €	5,08 €	13,60 €

Anhang 20: Fallbeispiel DTAG TOP 50

DTAG TOP 50	Neukunden im Jahr	Neukunden im Jahr	Neukunden im Jahr	Neukunden im Jahr	Neukunden im Jahr	Neukunden im Jahr	Neukunden im Jahr
	82.886	441.561	495.717	534.289	587.718	646.489	711.138
Jahr	1	2	3	4	5	6	7
Kundenzugang	82.886	524.446	1.010.163	1.544.452	2.132.170	2.778.659	3.489.797
VDSL Pentrationsrate an allen erreichbaren Teil	1%	3%	6%	10%	13%	17%	22%
Investitionen Multifunktionsgehäuse	1.850.000.000 €						
Ann WIK Multifunktionsgehäuse (6 Jahre)	400.183.465 €	400.183.465 €	400.183.465 €	400.183.465 €	400.183.465 €	400.183.465 €	- €
Investitionen Glasfaser	54.000.000 €						
Ann WIK Glasfaser (20 Jahre)	5.500.019 €	5.500.019 €	5.500.019 €	5.500.019 €	5.500.019 €	5.500.019 €	5.500.019 €
Investitionen VDSL-Linecards	5.801.986 €	30.909.363 €	34.000.189 €	37.400.208 €	41.140.229 €	45.254.252 €	49.779.677 €
Ann WIK Karten 1.Jahr für (3 Jahre)	2.251.365 €	2.251.365 €	2.251.365 €				
Ann WIK Karten 2.Jahr (3 Jahre)		11.993.830 €	11.993.830 €	11.993.830 €			
Ann WIK Karten 3.Jahr (3 Jahre)			13.193.213 €	13.193.213 €	13.193.213 €		
Ann WIK Karten 4.Jahr (3 Jahre)				14.512.534 €	14.512.534 €	14.512.534 €	
Ann WIK Karten 5.Jahr (3 Jahre)					15.963.788 €	15.963.788 €	15.963.788 €
Ann WIK Karten 6.Jahr (3 Jahre)						17.560.166 €	17.560.166 €
Ann WIK Karten 7.Jahr (3 Jahre)							19.316.183 €
indirekte Investitionen	190.960.199 €	3.090.926 €	3.400.019 €	3.740.021 €	4.114.023 €	4.525.425 €	4.977.968 €
Ann WIK indirekte Kosten vom 1.Jahr	28.461.681 €	28.461.681 €	28.461.681 €	28.461.681 €	28.461.681 €	28.461.681 €	28.461.681 €
Ann WIK indirekte Kosten vom 2.Jahr		460.639 €	460.639 €	460.639 €	460.639 €	460.639 €	460.639 €
Ann WIK indirekte Kosten vom 3.Jahr			506.703 €	506.703 €	506.703 €	506.703 €	506.703 €
Ann WIK indirekte Kosten vom 4.Jahr				557.373 €	557.373 €	557.373 €	557.373 €
Ann WIK indirekte Kosten vom 5.Jahr					613.111 €	613.111 €	613.111 €
Ann WIK indirekte Kosten vom 6.Jahr						674.422 €	674.422 €
Ann WIK indirekte Kosten vom 7.Jahr							741.864 €
operative Kosten (diskontiert)	19.678.219 €	3.148.166 €	3.206.465 €	3.265.844 €	3.326.323 €	3.387.921 €	3.450.660 €
Gemeinkosten (diskontiert)	46.607.475 €	41.861.775 €	39.931.188 €	37.995.613 €	36.522.438 €	33.238.446 €	35.911.408 €
jährliche Gesamtkosten	501.682.224 €	493.890.940 €	505.688.569 €	516.630.915 €	518.001.297 €	521.620.269 €	99.718.018 €
Kosten im Monat	41.806.852 €	41.154.245 €	42.140.714 €	43.052.576 €	43.203.441 €	43.468.366 €	8.309.835 €
monatliche Retailkosten	331.542 €	1.942.394 €	3.464.209 €	4.904.143 €	6.268.833 €	7.564.434 €	8.796.657 €
Umsatz (alternative Festnetzbetreiber)	1.099.756 €	7.148.414 €	13.801.938 €	21.120.814 €	29.171.578 €	38.027.418 €	47.768.842 €
Umsatz (Reseller)	923.819 €	6.004.823 €	11.593.927 €	17.741.942 €	24.504.758 €	31.943.886 €	40.126.864 €
Umsatz (Telekom)	132.666 €	862.261 €	1.664.828 €	2.547.661 €	3.518.756 €	4.586.972 €	5.762.009 €
Umsatz (andere)	220.886 €	706.635 €	1.241.379 €	1.829.378 €	2.476.177 €	3.187.655 €	3.970.281 €
monatliche diskontierte Umsätze	2.377.117 €	13.631.790 €	24.264.465 €	34.325.135 €	43.860.164 €	52.912.554 €	61.522.198 €
einmaliger Einrichtungspreis	3.378.446 €	16.410.743 €	16.714.646 €	17.024.176 €	17.339.439 €	17.660.539 €	17.987.586 €
minimales I-Home Paket	- €	- €	- €	- €	- €	- €	- €
Gewinn/Verlust im Jahr	-473.756.884 €	-337.167.442 €	-239.370.851 €	-146.554.837 €	-50.365.882 €	40.217.704 €	550.976.064 €
monatlicher Gewinn/Verlust ie Nutzer	-476,32 €	-53,58 €	-19,75 €	-7,91 €	-1,97 €	1,21 €	13,16 €

Anhang 21: Fallbeispiel WiMAX Dresden

WiMAX Dresden	Neukunden im Jahr	Neukunden im Jahr	Steigerungsrate		Steigerungsrate	10%		10%		10%		10%
Jahr		4.000		4.000		3		4		5		6	7
Kunden	4.000 €	8.000		8.000	8.800 €	9.680 €		10.648 €		11.713 €	12.864 €
Neukunden	4.000 €	4.000		4.000	800 €	880 €		968 €		1.065	1.171
Investitionen Basisstationen	6.000.000 €											
Ann Basisstationen (6 Jahre)	1.297.892 €	1.297.892 €		1.297.892 €	1.297.892 €	1.297.892 €	1.297.892 €	1.297.892 €	1.297.892 €	
Investitionen CPE	1.796.000 €	1.796.000 €		1.796.000 €	215.520 €	237.072 €	260.779 €	286.857 €	315.543 €
Ann CPE 1 Jahr für (3 Jahre)	696.908 €	696.908 €		696.908 €					
Ann CPE 2 Jahr für (3 Jahre)				696.908 €	696.908 €	696.908 €			
Ann CPE 3 Jahr für (3 Jahre)				83.629 €	83.629 €	83.629 €			
Ann CPE 4 Jahr für (3 Jahre)					91.992 €	91.992 €	91.992 €		
Ann CPE 5 Jahr für (3 Jahre)						101.191 €	101.191 €	101.191 €	
Ann CPE 6 Jahr für (3 Jahre)							111.310 €	111.310 €	
Ann CPE 7 Jahr für (3 Jahre)								122.441 €	
indirekte Kosten	389.800 €	1.796.000 €		215.520 €	237.072 €	260.779 €	296.857 €	315.543 €
Ann indirekte Kosten vom 1.Jahr	58.092 €	58.092 €		58.092 €	58.092 €	58.092 €	58.092 €	58.092 €
Ann indirekte Kosten vom 2.Jahr		267.657 €		267.657 €	267.657 €	267.657 €	267.657 €	267.657 €
Ann indirekte Kosten vom 3.Jahr				32.119 €	32.119 €	32.119 €	32.119 €	32.119 €
Ann indirekte Kosten vom 4.Jahr					36.331 €	36.331 €	36.331 €	36.331 €
Ann indirekte Kosten vom 5.Jahr						38.864 €	38.864 €	38.864 €
Ann indirekte Kosten vom 6.Jahr							42.750 €	42.750 €
Ann indirekte Kosten vom 7.Jahr								47.025 €
operative Kosten	218.580 €	166.296 €		18.477 €	18.820 €	19.166 €	19.523 €	19.866 €
Gemeinkosten	227.147 €	147.396 €		136.103 €	102.501 €	74.456 €	71.360 €	71.622 €
jährliche Gesamtkosten	2.496.619 €	3.331.150 €		3.206.796 €	2.664.940 €	2.100.380 €	2.168.000 €	904.287 €
Kosten im Monat	208.218 €	277.596 €		273.899 €	203.745 €	175.033 €	180.673 €	75.357 €
Retailkosten im Monat	16.000 €	29.630 €		30.178 €	30.737 €	31.306 €	31.886 €	32.477 €
Produkterlöse im Monat, diskontiert	59.940 €	111.000 €		113.066 €	115.149 €	117.282 €	119.453 €	121.666 €
Erlöse Standardinstallation & Bereitstellung	347.600 €	321.852 €		54.938 €	55.956 €	56.992 €	58.047 €	59.122 €
monatliche Gesamterlöse	88.907 €	137.821 €		117.634 €	119.812 €	122.031 €	124.291 €	126.592 €
Saldo	135.312 €	159.404 €		186.443 €	134.670 €	84.308 €	88.268 €	19.759 €
Gewinn/Verlust im Jahr									
monatlicher Gewinn/ Verlust je Nutzer	5%	10%	11%	12%	13%	15%	16%
Penetrationsrate aller anschließbaren Teiln.									

Literaturverzeichnis

ARCOR (2006a): Investitionen für das Geschäftsjahr 2005/2006. Unter: http://www.Arcor.de/content/ueberArcor/datenfakten/index.html (Abruf: 25.10.2006).

ARCOR (2006b): Technik. Unter:

http://www.Arcor.de/content/ueberArcor/technik/index.html (Abruf: 24.08.2006).

ARTHUR D. LITTLE CENTRAL EUROPE (2005): Global Broadband Report Update 2005 "Growth Fuels Disruption". Unter:

http://www.adlittle.de/asp/broadband.asp?loc=marketing (Abruf: 12.08.2006).

BK TEL (2006): Infrastruktur für Deutschlands Zukunft. Unter:

http://www.ifn.ing.tu-
bs.de/itg/docs/061005Koeln/061005%20BKtel%20FTTH%20video%20overlay%20IT
G.pdf (Abruf: 19.11.2006).

BLUSCHKE, A. (2005): Breitbandversorgung – Wie den Anschluss gewinnen? S. 46-47. Unter:

http://www.net-im-web.de/pdf/2005_11s46.pdf (Abruf: 14.11.2006).

BLUSCHKE, A./KRÜGER, M (2003): xDSL-Auch 2003 auf Erfolgskurs. S. 28-31. Unter: http://www.net-im-web.de/pdf/2003_10s28.pdf (Abruf: 18.07.2006).

BLUSCHKE, A./MATTHEWS, M. /SCHIFFEL, R. (2004): Zugangsnetze für die Telekommunikation. München.

BNA - BUNDESNETZAGENTUR (2000a): Kurzablaufplan der UMTS Versteigerung von 31.07. bis 18.08.2000. Unter:

http://www.bundesnetzagentur.de/enid/54a1ae2b80c9d7be603e7164d221365d,0/UM TS/Ablaufplan_der_Versteigerung_x3.html (Abruf: 17.09.2006).

BNA - BUNDESNETZAGENTUR (2000b): Entscheidung der Präsidentenkammer vom 18.02.2000 über die Festlegungen und Regeln im Einzelnen über die Vergabe der Lizenzen für Universal mobile Telecomunications 2000. Unter:

http://www.bundesnetzagentur.de/media/archive/353.pdf (Abruf: 15.08.2006).

BNA - BUNDESNETZAGENTUR (2001): Ortsnetzwettbewerb 2000 - Situationsbericht zum deutschen Ortsnetzwettbewerb. Unter:

http://www.bundesnetzagentur.de/media/archive/207.pdf (Abruf: 2.09.2006).

BNA - BUNDESNETZAGENTUR (2004): Allgemeinverfügung. Unter: http://www.bundesnetzagentur.de/media/archive/7641.pdf (Abruf: 29.06.2006).

BNA - BUNDESNETZAGENTUR (2005a): Anhörung betreffend die Verfügbarkeit von Frequenzen für Universal Mobile Telecommunications System (UMTS)/International Mobile Telecommuniciations 2000 (IMT 2000) Mobilkommunikation der dritten Generation. Unter:

http://www.bundesnetzagentur.de/media/archive/1425.pdf (Abruf: 26.12.2006).

BNA - BUNDESNETZAGENTUR (2005b): Tätigkeitsbericht 2004/2005. Unter:

http://www.bundesnetzagentur.de/media/archive/4515.pdf (Abruf 6.12.2006).

BNA - BUNDESNETZAGENTUR (2005c): Amtsblatt Nr. 1. Entwurfsvorlage für Definitionen und Messvorschriften für Qualitätskennwerte breitbandige Netzzugänge .

BNA - BUNDESNETZAGENTUR (2006a): Jahresbericht 2005. Unter: http://www.bundesnetzagentur.de/media/archive/5278.pdf (Abruf: 14.07.2006).

BNA - BUNDESNETZAGENTUR (2006b): DSL Anschlüsse in Betrieb. Unter: http://www.bundesnetzagentur.de/media/archive/7671.pdf#search=%22resale%22 (Abruf: 20.08.2006).

BÖRSE ARD (2006): Rückwärts-Verteidigung im Breitband. Unter: http://boerse.ard.de/content.jsp?go=meldung&key=dokument_195888 (Abruf: 26.10.2006).

Breko – Bundesverband Breitbandkommunikation e. V. (2006a). Unter: http://www.brekoverband.de/run.php (Abruf: 11.12.2006).

Breko – Bundesverband Breitbandkommunikation e. V . (2006b): Portrait. Unter: http://www.brekoverband.de/7abz1a7npl5lbreko-cms_extract.l25282.html?BUTTON_REC_ID=25282 (Abruf: 21.08.2006).

BREKO – BUNDESVERBAND BREITBANDKOMMUNIKATION e. V. (2006c): Jahrespressekonferenz 17. Mai 2006. Unter: http://www.brekoverband.de/breko/auto_cms/original/1vortragpk1752006_2.pdf (Abruf: 26.11.2006).

BREKO – BUNDESVERBAND BREITBANDKOMMUNIKATION e. V. (2006d): Pressemitteilung zur Jahrespressekonferenz. Unter:

http://www.brekoverband.de/breko/auto_cms/original/139-2006-05-15_wirt_1.pdf (Abruf: 30.08.2006).

BRINKMANN, M / ILIC, D. (2006): Technische und ökonomische Aspekte des VDSL – Ausbaus. WIK – Diskussionsbeitrag Nr. 281. Bad Honnef.

BÜCHNER, L. M. (1999): Post und Telekommunikation - Eine Bilanz nach zehn Jahren Reform. Heidelberg.

BUNDESMINISTERIUM DER JUSTIZ (2006): Telekommunikationsgesetz. Unter: http://bundesrecht.juris.de/tkg_2004/index.html (Abruf: 26.10.2006).

BUNDESMINISTERIUM FÜR WIRTSCHAFT UND ARBEIT (2005): Bericht zum Breitbandatlas. Unter: http://www.zukunft-breitband.de/Breitband/Portal/Redaktion/Pdf/bericht-zum-breitbandatlas-vollstaendige-fassung,property=pdf,bereich=breitband__portal,sprache=de,rwb=true.pdf (Abruf: 6.11.2006).

BUNDESRECHT (2004): Telekommunikationsgesetz (TKG). Unter: http://bundesrecht.juris.de/bundesrecht/tkg_2004/gesamt.pdf (Abruf: 22.08.2006).

BÜLLINGEN, F. /STAMM, P. (2006a): Potenziale alternativer Techniken zur bedarfsgerechten Versorgung mit Breitbandzugängen. WIK Diskussionsbeitrag 280. Bad Honnef.

BÜLLINGEN, F. /STAMM, P. (2006b): Potenziale alternativer Techniken zur bedarfsgerechten Versorgung mit Breitbandzugängen. WIK - Consult – Endbericht. Projekt Nr. 22/05. Bad Honnef.

CHANNEL PARTNER (2006): HSDPA-Datenkarte von Vodafone für Express Card-Steckplätze. Unter:

http://www.computerpartner.de/knowledgecenter/handy/235153/index.html   (Abruf: 29.09.2006).

CHOOK, V. (2006): World Broatband Statistics Report – Q3 2006. Unter:

http://www.point-topic.com/contentDownload/dslanalysis/world%20broadband%20statistics%20q3%202006.pdf (Abruf: 18.12.2006):

COMPUTER BASE (2006): Arcor: Umsatz von mehr als 1 Mrd. Euro. Unter:

http://www.computerbase.de/news/wirtschaft/unternehmen/2006/november/Arcor_umsatz_1_mrd_euro/ (Abruf: 26.11.2006).

CONSISTEC – ENGINEERING & CONSULTING (2006): UMTS - Quo vadis? Unter:
http://www.consistec.de/fileadmin/consistec/pdf/switch/2006/switch_01_2006.pdf (Abruf 01.11.2006).

COX, T. (2006): World Broadband Statistics: Q1 2006. Unter:

http://www.merseybroadband.com/uploads/World%20Broadband%20Statistics%20q1%202006.pdf (Abruf: 18.09.2006).

DD WIMAX – WIMAX INTERNET FÜR DRESDEN (2006). Unter: http://www.ddwimax.de/
(Abruf: 11.12.2006).

DEUTSCHE BANK RESEARCH (2006): Digitale Ökonomie und Struktureller Wandel. Titel:
„Breitband: Europa braucht mehr als DSL". Unter:

http://www.dbresearch.com/PROD/DBR_INTERNET_EN-
PROD/PROD0000000000190341.pdf#search=%22Europa%20braucht%20mehr%20
alsq%20Dsl%22 (Abruf 12.07.2006).

DEUTSCHE BUNDESPOST TELEKOM (1994): Telekom 2000 – Schrittmacher beim Aufbau
Ost, Köln.

DEUTSCHE TELEKOM (2006a): Geschäftsbericht 2005. Unter:

http://devgdtag05.sul.t-
online.de/de/kf/daten_aus_dem_konzern/index.php?tcfs=38fe68f9518f6c6f6726679d
e3c6d0d2 (Abruf: 26.06.2006).

DEUTSCHE TELEKOM (2006b): Geschäftsbericht 2005. Unter:

http://www.geschaeftsbericht2005.telekom.de/de/kf/daten_aus_dem_konzern/index.p
hp, (Abruf 23.08.2006).

DEUTSCHE TELEKOM (2006c): Konzern – Zwischenbericht vom 1. Januar bis 30.
September. Unter:

http://www.download-telekom.de/dt/StaticPage/49/39/2006_q3.pdf_49394.pdf (Abruf
25.11.2006).

DEUTSCHE TELEKOM (2006d) : Das Geschäftsfeld Breitband/Festnetz. Unter:

http://www.interimreport.telekom.de/site0306/de/gv/strategische_geschaeftsfelder/br eitband/index.Php (Abruf: 13.12.2006).

DEUTSCHE TELEKOM (2006e): Zwischenbericht. Unter: http://www.zwischenbericht.telekom.de/site0206/de/ka/index.php (Abruf 12.09.2006).

DM ASIA – DIGITAL MEDIA NEWS FOR ASIA (2006): 216 million broadband subscribers worldwide. Unter: http://www.digitalmediaasia.com/default.asp?ArticleID=15863 (Abruf: 13.08.2006).

DNN – DRESNDER NEUSTE NACHRICHTEN (2006): Schneller Internetfunk in Dresden gestartet. Unter:

http://www.dnn-online.de/dnn-heute/66135.html (Abruf: 20.11.2006).

DSL NEWS (2004): T-Mobile startet offenbar UMTS-Netz. Unter:

http://www.dsl-news.de/modules.php?name=News&file=article&sid=154 (Abruf: 28.07.2006).

DSL ON AIR (2006): DBD Deutsche Breitband Dienste GmbH setzt Airspans AS. MAX – Produkte in Deutschland ein. Unter: http://www.dslonair.de/fileadmin/presse/PM_Airspan_DBD_13-09_06.pdf (Abruf: 1.12.2006).

DSL PRIME (2006): The New ADSL Standard. Unter: http://www.dslprime.com/a/adsl21.pdf (Abruf 2.12.2006).

DSL TARIFE (2005): HanseNET stoppt eigene DSL Infrastruktur. Unter:

http://www.dsltarife.net/news/625.html (Abruf: 23.11.2006).

DSL TARIFE (2006a): Drei Milliarden Euro für DSL-Glasfaser. Unter:
http://www.dsltarife.net/news/490.html (Abruf 25.10.2006).

DSL TARIFE (2006b): HanseNet meldet Zugewinn von 250.000 Privatkunden in neun Monaten. Unter:
http://www.dsltarife.net/news/2181.html (Abruf: 26.11.2006).

DSL TARIFE (2006c): WiBro besser als WiMAX ? Unter:
http://www.dsltarife.net/news/388.html (Abruf: 11.12.2006).

DSL TEAM (2006): NetCologne bringt 100 MBit/s ins Haus. Unter:
http://www.dslteam.de/news/artikel/20627/1
(Abruf: 13.09.2006).

DSL WEB – DSL PORTAL (2006): EDA-Lösung von Ericsson soll T-DSL über Glasfaser ermöglichen. Unter:
http://www.dslweb.de/dsl-news/EDA-Loesung-von-Ericsson-soll-T-DSL-ueber-Glasfaser-ermoeglichen-News-2221.htm (Abruf 15.08.2006).

DSTGB - DEUTSCHER STÄDTE - UND GEMEINDEBUND – Komunaler Spitzenverband In Deutschland Und Europa (2004):Vertrag über die Benutzung öffentlicher Wege für Telekommunikationslinien bei Zustimmungen nach § 68 Abs. 3 TKG. Unter:
http://www.dstgb.de/index_inhalt/homepage/artikel/inhalt/dokumentationen/nr_43_ne ues_telekommunikationsgesetz/doku43_auslegungshilfe_zu_den_wegerechtlichen_b estimmungen_im_neuen_telekommunikationsgesetz.pdf (Abruf: 28.06.2006).

ECO – VERBAND DER DEUTSCHEN INTERNETWIRTSCHAFT e.V. (2006): Breitbandnetze mehr als nur TV. Unter:

http://www.eco.de/servlet/PB/s/giq96ay73ha9x3mqixe9lsdq1q1k1i7/show/1714589/6 _EWT_Breitband_Weiden.pdf (Abruf: 25.11.2006).

ELEKTRONIKNET (2006): HSUPA und was dahinter steckt. Unter: http://www.elektroniknet.de/index.php?id=1059&tx_jppageteaser_pi1%5BbackId%5D =736 (Abruf 02.11.2006).

ELKO – ELEKTRONIK – KOMPENDIUM (2006a): VDSL - Very High Data Rate Digital Subscriber Line. Unter: http://www.elektronik-kompendium.de/sites/kom/0305237.htm (Abruf: 14.11.2006).

ELKO – ELEKTRONIK – KOMPENDIUM (2006b): IEEE 802.16 / WiMAX. Unter:

http://www.elektronik-kompendium.de/sites/net/0904211.htm (Abruf: 17.10.2007).

ELKO – ELEKTRONIK – KOMPENDIUM (2006c): Worldwide Interoperability for Microwave Access. Unter:

http://www.elektronik-kompendium.de/sites/net/0904211.htm (Abruf 12.08.2006).

EQT (2006): EQT übernimmt Kabel Baden – Württemberg. Unter:

http://www.eqt.se/Page____433.aspx?epslanguage=DE (Abruf: 13.07.2006).

ERBER G. ET AL. (2004): Rahmenbedingungen für eine Breitbandoffensive in Deutschland. Unter.

http://www.diw.de/deutsch/produkte/publikationen/expublikationen/gutachten/docs/di
w_rahmen_Breitbandoff200401.pdf (Abruf: 17.09.2006).

ERROI, G.(2006): Deep – Fiber - Zugangslösungen. Unter:
http://telekom-praxis.schiele-
schoen.de/zeitschrift/allgemein/archiv/stream.asp?p=3&f=2060709.pdf&s=7861
(Abruf: 2.09.2006).

EUR - LEX - ZUGANG ZUM EU - RECHT (2002): Richtlinie 2002/22/EG des Europäischen
Parlaments und des Rates vom 7. März 2002 über den Universaldienst und
Nutzerrechte bei elektronischen Kommunikationsnetzen und -diensten
(Universaldienstrichtlinie). Unter:
http://eurlex.europa.eu/smartapi/cgi/sga_doc?smartapi!celexplus!prod!DocNumber&l
g=de&type_doc=Directive&an_doc=2002&nu_doc=22 (Abruf 14.10.2006

EUROPA – ZUSAMMENFASSUNGEN DER GESETZGEBUNG (2006): Universaldienst und
Nutzerrechte. Unter: http://europa.eu/scadplus/leg/de/lvb/l24108h.htm (Abruf:
2.11.2006).

EWT (2006): Ein historischer Abriss. Unter:
http://www.ewt.de/ewt/de/Unternehmen/unternehmensinfos/historieW3DnavanchorW
261210064.htm (Abruf: 28.10.2006).

FERNUNIVERSITÄT HAGEN (2006): Einige Entwicklungstrends der IuK -Technologien.
Unter:
http://ks.fernuni-hagen.de/aktivitaeten/files/iuk.pdf (Abruf 2.12..2006).

FTD – FINANCIAL TIMES DEUTSCHLAND (2006a): Neue Funktechnik hat Praxistest noch vor sich. Unter:

http://www.ftd.de/technik/it_telekommunikation/116548.html (Abruf: 5.11.2006).

FTD - FINANCIAL TIMES DEUTSCHLAND (2006b): Deutsche Telekom verzichtet auf WiMAX. Unter:

http://www.ftd.de/technik/it_telekommunikation/128322.html (Abruf: 5.11.2006).

FOCUS (2006): Bei „Alice" stockt der Netzaufbau. Unter: http://www215.focus.de/finanzen/news/streit-mit-telekomnid35377.html (Abruf: 22.10.2006).

FORUM EUROPA (2004): Notifizierung der Regulierungsbehörde für Telekommunikation und Post Zugang zur Teilnehmeranschlussleitung. Unter:

http://forum.europa.eu.int/Public/irc/infso/ecctf/library?l=/germany/registeredsnotificati ons/de20040119/marktdefinition/_EN_1.0_&a=d (Abruf: 13.11.2006).

FROHBERG, W. (2001): Access- Technologien für den Zugang zu Telekommunikationsnetzen, Heidelberg.

FUIKAWA, S. (2003): Trend of Standardizing xDSL Technologis in ITU – T. Unter:

http://www.ntt.co.jp/tr/0311/files/ntr0411101.pdf (Abruf: 23.10.2006).

GERPOTT, T. J. (1997): Wettbewerbsstrategien im Telekommunikationsmarkt. Stuttgart.

GESETZE IM INTERNET (2004): Frequenzbereichszuweisungsplanverordnung Freq BZPV. Unter:

http://www.gesetze-im-internet.de/bundesrecht/freqbzpv_2004/gesamt.pdf   (Abruf: 23.10.2006).

GLASFASERINFO (2006): Lichtwellenleiter – Aufbau von Glasfaserkabel. Unter:

http://www.glasfaserinfo.de/dark_fiber.html (Abruf: 23.07.2006). .

GOLEM – IT NEWS FÜR PROFIS (2006a): O2 startet mit HSDPA in Deutschland. Unter:

http://www.golem.de/0612/49249.html (Abruf: 08.12.2006).

GOLEM – IT NEWS FÜR PROFIS (2006b): Gehören M-Nets und NetCologne bald zur Versatel? Unter:

http://www.golem.de/0608/47152.html (Abruf: 18.09.2006).

GRIES, CH. I. (2004): Entwicklung der DSL – Märkte im internationalen Vergleich. WIK – Diskussionsbeitrag Nr. 257, Bad Honnef.

HANDELSBLATT (2006): VDSL macht Fernsehen lebendig. Unter:

http://www.handelsblatt.com/news/printpage.aspx?_p=204016&_t=ftprint&_b=10283 76 (Abruf 25.11.2006).

HEISE ONLINE (2006a): Intel und ZTE wollen WiMAX weltweitvoranbringen. Unter:
http://www.heise.de/newsticker/meldung/55090 (Abruf: 22.09.2006).

HEISE ONLINE (2006b): Versatel mit ehrgeizigen Ausbauplänen. Unter:

http://www.heise.de/newsticker/meldung/77291 (Abruf: 2.09.2006).

HEISE ONLINE (2006c): Telekom senkt Preise für DSL-Resale. Unter:

http://www.heise.de/newsticker/meldung/77182?info=EXLINK (Abruf: 24.08.2006).

HEISE ONLINE (2006d): WiBro mausert sich zur WiMax-Alternative. Unter:

http://www.heise.de/newsticker/meldung/63787 (Abruf: 5.12.2006).

HEISE ONLINE (2006e): Bundesnetzagentur schließt VDSL in Bitstrom-Regulierung ein. Unter:

http://www.heise.de/newsticker/meldung/78114 (Abruf: 10.10.2006).

HEISE ONLINE (2006f): Lokaler Carrier Wilhelm.tel bietet Anschlüsse mit 100 MBit/s. Unter:

http://www.heise.de/newsticker/meldung/mail/76234 (Abruf: 13.12.2006).

HEISE ONLINE (2006g): Ericsson baut Versatel - Netz aus. Unter:

http://www.heise.de/newsticker/meldung/82066/from/rss09 (Abruf: 17.12.2006).

HEISE ONLINE (2006h): Telekom-Chef Ricke setzt den Rotstift an. Unter:

http://www.heise.de/newsticker/meldung/77941 (Abruf: 30.09.2006).

HEISE ONLINE (2006i): T-Mobile startet HSDPA-Testangebot zum mobilen Surfen. Unter:

http://www.heise.de/newsticker/meldung/71497 (Abruf: 30.10.2006).

HEISE ONLINE (2006j): Telekom-Wettbewerber fordern Zugang zu VDSL–
Infrastruktur. Unter:

http://www.heise.de/newsticker/meldung/79414 (Abruf: 13.10.2006).

HERBER, R. (2006): Von OPAL zu T – Home Speed: Die Glasfaser auf dem Weg
zum Kunden. Unter:

http://www.ifn.ing.tu-
bs.de/itg/docs/061005Koeln/061005%20Von%20OPAL%20zu%20T-
Home%20Speed_print.pdf (Abruf: 22.11.2006).

HOGREFE, D. (2005): Marktpotenziale in Deutschland und der Welt. Unter:

http://www.informatik.uni-goettingen.de/news/Hogrefe.pdf (Abruf: 22.11.2006).

Hsupa – High Speed Uplink Packed Access (2006). Unter:

http://de.hsupa.com (Abruf: 01.11.2006).

ICKENROTH, B. (1998): Ein integrativer Ansatz zur Bestimmung der Kapitalkosten von
Telekommunikationsunternehmen. In WIK Newsletter Nr. 33. S. 3-6.

IEEE (2003): Extends WirelessMAN™ Broadband Wireless Metropolitan Area
Network Standard to Support Residential Applications. Unter:

http://www.ieee802.org/16/news/030129.html (Abruf: 20.07.2006).

IFN – INSTITUT FÜR NACHRICHTENTECHNIK (2006a): Vorstellung Net Cologne. Unter:

http://www.ifn.ing.tubs.de/itg/docs/061005Koeln/061005%20Vorstellung%20NetColo
gne%2006.10.04.pdf (Abruf: 06.12.2006).

IFN – INSTITUT FÜR NACHRICHTENTECHNIK (2006b): Infrastruktur für
Deutschlandszukunft. Unter:

http://www.ifn.ing.tubs.de/itg/docs/061005Koeln/061005%20BKtel%20FTTH%20vide
o%20overlay%20ITG.pdf (Abruf 25.11.2006).

IFN – INSTITUT FÜR NACHRICHTENTECHNIK (2006c): Fachausschuss 3.3 -
Signalübertragung für Elektronische Medien. Unter:

http://www.ifn.ing.tu-bs.de/itg/fg313_util.html (Abruf: 29.11.2006).

INNOVATIONS REPORT - Forum für Wissenschaft, Industrie und Wirtschaft (2006):
Broadband World Forum Europe 2006. Unter:

http://www.innovations-report.de/html/berichte/messenachrichten/bericht-71195.html
(Abruf : 20.10.2006).

IT WISSEN DAS GROßE ONLINE - LEXIKON FÜR INFORMATIONSTECHNOLOGIE (2006a): KR
(Kollokationsraum).   Unter:
http://www.itwissen.info/definition/lexikon//_kr_collocation%20facility_kollokationsrau
m.html (Abruf 26.10.2006).

IT WISSEN DAS GROßE ONLINE - LEXIKON FÜR INFORMATIONSTECHNOLOGIE (2006b):
Festnetz. Unter: http://www.itwissen.info/definition/lexikon//festnetz.html (Abruf:
14.08.2006).

It wissen - Das Große Online - Lexikon Für Informationstechnologie (2006c): MSAN.
Unter:

http://www.itwissen.info/definition/lexikon//_msanmsan_msanmulti%20service%20ac
cess%20node%20msan_msan.html (Abruf 20.10.2006).

IT WISSEN DAS GROßE ONLINE - LEXIKON FÜR INFORMATIONSTECHNOLOGIE (2006d):
FTTL.   Unter:
http://www.itwissen.info/definition/lexikon//_fttlfttl_fttlfiber%20to%20the%20loop%20ft
tl_fttl.html (Abruf: 24.10.2006).

KABEL   BW   (2006) :   Gestattungsvertrag.   Unter:
http://www.kabelbw.de/show.php?ID=2222 (Abruf: 15.12.2006).

KABEL DEUTSCHLAND (2006): Glossar – Hilfreiche Hintergrundinformationen. Unter:

http://www.kabeldeutschland.com/de/investor- relations/service/glossar.html   (Abruf:
11.11.2006).

KABEL DEUTSCHLAND (KDG) – Second Annual Analyst Day, S. 53.

KAFKA, G. (2006): „Mobile WiMAX:(k)ein Thema für Deutschland". In Net – Zeitschrift
für Kommunikationsmanagement. Nr.9.

KALLENBORN R./KARTES CH. (2001): . Powerline im Einklang mit den Gesetzen. Unter:
http://www.telko-net.de/heftarchiv/pdf/2001/fs2601/fs0126050.pdf

(Abruf: 23.09.2006).

KEARNEY A. T. (2005): „Der Kampf ums Wohnzimmer geht weiter". Unter: http://www.atkearney.de/content/misc/wrapper.php/id/49521/name/pdf_23681d_atk_ medientage_m_nchen_102005_v16_11329070148f10.pdf (Abruf: 23.10.2006).

KLENK, T. (2006): Herausforderungen IPTV meistern. In: Funkschau 17/2006, S. 43 – 48.

KLÖPFER, M. (2006): Netzebene 4 Spezifikation für die Netze der Kabel BW. Unter: http://www.kabelbw.de/show.php?ID=4279. (Abruf: 18.10.2006).

LENZ, M. (2001): Multimedia im Breitbandkabel. Unter: http://www.telko-net.de/heftarchiv/pdf/2001/fs2001/fs0120070.pdf (Abruf:13.07.2006).

LINTGEN, M. (2006): „Leitungslegung bei der T-Com". Unter: http://www.nodig-bau.de/praxisberichte/PR_bbr-11-05-Lintgen.pdf (Abruf: 23.10.2006).

MAGAZIN (2006): NetCologne prüft Einstieg in den Mobilfunk. Unter: http://www.telefontarif.de/arch/2006/kw18/s21516.html (Abruf: 26.12.2006).

MERCER – MANAGEMENT CONSULTING (2006) : Deregulierung in europäischen Breitbandmärkten. Unter:http://www.mercermc.de/mapper.php3?file=upload_material%2Ftuv%2F37.pdf &name=Potenziale_einer_konomisch_orientierten_Regulierungspraxis.pdf&type=app lication%2Fpdf (Abruf: 18.09.2006).

MOBILCOM (2006): Freenet DSL - DSL bei mobilcom. Unter:

https://onlineshop.mobilcom.de/shop.php?action=dsl (Abruf: 12.12.2006).

NET COLOGNE (2006a): Alles über die Verlegung. Ein solides Fundament für Ihre Immobilie. Unter:

http://www.citynetcologne.de/verlegung.php (Abruf: 14.12.2006).

NETCOLOGNE (2006b): Daten und Fakten. Unter:
http://www.netcologne.de/unternehmen/nc_unt_unterseite_323.php

(Abruf: 26.12.2006).

NETCOLOGNE (2006c): NetCologne sieht Pläne für eigenes Glasfasernetz bestätigt. Unter:

http://www.netcologne.de/presse/nc_presse_meldung_16247.php (Abruf: 6.12.2006).

NETZWELT (2006a): Vodafone und O2 entern den DSL-Markt: Randgruppen-Angebot oder echte Spar-Alternative. Unter:

http://www.netzwelt.de/news/74729_2-vodafone-und-o2-entern-den.html
(Abruf: 26.12.2006).

NETZWELT (2006b): VDSL-Netz - Schnell geht es, aber wohin? Unter:

http://www.netzwelt.de/news/73811-cebit-vdslnetz-schnell-geht.html
(Abruf: 26.11.2006).

NETZZEITUNG (2006a): EU besteht auf Öffnung von Telekom-VDSL. Unter:
http://www.netzeitung.de/wirtschaft/wirtschaftspolitik/449749.html (Abruf: 2.11.2006).

NETZZEITUNG (2006b): Telekom entlässt für die Zukunft. Unter: http://www.netzeitung.de/wirtschaft/unternehmen/365791.html (Abruf: 24.08.2006).

NETZZEITUNG (2006c): O2 startet mit HSDPA in Deutschland. Unter: http://www.golem.de/0612/49249.html (Abruf: 8.12.2006):

(N)ONLINER ATLAS (2006): Deutschlands größte Studie zur Nutzung und Nicht-Nutzung des Internets (2006): Eine Topographie des digitalen Grabens durch Deutschland. Unter:

http://www.nonliner-atlas.de/pdf/dl_NONLINER-Atlas2006.pdf (Abruf: 30.10.2006).

o2 (2006): o2 und DSL. Unter: http://shop4.o2online.de/nw/produkte/dslinternet/dsl/tarife/dsls/pageframe.html?sales Channel=SHOP&articleId=4530+000241+00&tariffCode=O-DSL-H-S&duration=12&categoryId=3648 (Abruf: 2.11.2006).

ONLINEKOSTEN (2005): 2015 -100 MBit/s als Standard. Unter:

http://www.onlinekosten.de/news/artikel/18739 (Abruf 29.06.2006).

ONLINEKOSTEN (2006a): T-Mobile: HSDPA bundesweit. Unter:

http://www.onlinekosten.de/news/artikel/21056/0/T-Mobile:_HSDPA_bundesweit (Abruf: 29.08.2006).

ONLINEKOSTEN (2006b): CityNetCologne: 100 MBit/s für Köln. Unter: http://www.onlinekosten.de/news/artikel/21769/0/CityNetCologne:_100_MBit/s_f%C3 %BCr_K%C3%B6ln (Abruf: 14.11.2006).

ONLINEKOSTEN (2006c): Triple Play soll das Kabelnetz erobern. Unter:

http://www.onlinekosten.de/news/artikel/21374/0/Triple_Play_soll_das_Kabelnetz_er

obern (Abruf: 12.11.2006).

ONLINEKOSTEN (2006d): o2-Übernahme: Kommt Quam wieder? Unter:

http://www.onlinekosten.de/news/artikel/19018/0/o2%C3%9Cbernahme:_Kommt_Qu

am_wieder (Abruf: 08.12.2006).

ONLINEKOSTEN (2006e): mobilcom/freenet: Volle Kasse für Übernahmen. Unter:

http://www.onlinekosten.de/news/artikel/23809/0/mobilcomfreenet:_Volle_Kasse_f%

C3%BCr_%C3%9Cbernahmen (Abruf: 18.12.2006).

PÄTZ, H.J. (2005): Kabel BW - Gestaltung der multimedialen Zukunft in Baden-
Württemberg. Unter:

http://www.hessen-it.de/mm/VoIP-Panel_Wirtschaftmin_KabelBW.pdf   (Abruf:
16.09.2006).

PIEPENBROCK/SCHUSTER (2005): Newsletter. Unter:

http://www.ra-ps.de/db/upload/Newsletter_32.pdf (Abruf: 18.09.2006).

PORTAL FÜR DEN DEUTSCHEN TELEKOMMUNIKATIONSMARKT (2006): DBD-Chef Zoffi: Wir
lösen mit WiMAX ein Problem der Telekom. Unter:

http://www.portel.de/index.php?id=nachricht&no_cache=1&cHash=1&tx_ttnews%5Btt
_news%5D=10642&tx_ttnews%5BbackPid%5D=12 (Abruf: 6.12.2006).

PRIMA COM (2006a): 26.000 Prima Com Kunden in Dresden, Heidenau und Wurzen
erhalten Zugang zu interaktiven Telekommunikationsdiensten. Unter:

http://www.primacom.de/unternehmen/presse.php?action=news&view=715   (Abruf:
2.12.2006).

PRIMA COM (2006b): Zwischenbericht für den Zeitraum von 1. Januar bis 30 Juni.
2006. Unter:

http://www.primacom.de/download/pdf/Q2_06_de.pdf (Abruf: 6.12.2006).

PRIMA COM (2006c): 14.000 Wohnungen werden mit Internet, Telefonie und digitalen
TV-   und   Hörfunkangeboten   versorgt.   Unter:
http://www.primacom.de/unternehmen/presse.php?action=news&view=714&categori
e=1&time=7&NAVPOSITION=1&search_string= (Abruf: 16.11.2006).

QUANTE NETZWERKE (2006): WiMAX – drahtlose Breitband Accessnetze gemäß dem
neuem Standard 802.16-2004. Unter:

http://www.quante-netzwerke.de/html/wimax.html (Abruf 11.10.2006).

QSC   AG   (2006a):   Investor   Relations.   Unter:
http://www.qsc.de/de/investor_relations/index.html?qsc=ab5987b556f09a16e0f2e920
28f1b6ed (Abruf 03.11.2006).

QSC AG (2006b): Quartalsbericht 2006. Unter:

http://www.qsc.de/file/site1/file_3172_qsc306d.pdf (Abruf: 19.11.2006).

REFERENCE (2006) Unter: http://www.reference.com/browse/wiki/ITU_G.992.1
(Abruf 26.11.2006).

RESEARCH AND MARKETS (2006): Siemens Communications - SURPASS HiX 5620 (Product   Advisor).   Unter: http://www.researchandmarkets.com/reportinfo.asp?report_id=355941   (Abruf: 13.10.2006).

SAT & KABEL – DIGITAL TV – MEDIEN – BREITBAND (2006): Arcor steigert DSL-Anschlüsse   auf   1,68   Millionen   -   Umsatz   wächst.   Unter: http://www.satundkabel.de/modules.php?op=modload&name=News&file=article&sid =12706&mode=thread&order=0&thold=0 (Abruf: 21.12.2006).

SCHERLE, T. (2005): Wege zur digitalen Vielfalt. S. 20-23. Unter:

http://www.net-im-web.de/pdf/2005_05s20.pdf (Abruf: 19.11.2006).

SCHMOLL, S. (2003): Aus alt mach neu. Unter:

http://www.net-im-web.de/pdf/2003_05s31.pdf (Abruf: 20.07.2006).

SCHWARZFELD, G. (2006): Vorstellung NetCologne. Unter:

http://www.ifn.ing.tu-bs.de/itg/docs/061005Koeln/061005%20Vorstellung%20NetCologne%2006.10.04.pd f (Abruf: 17.11.2006).

SIEBERT, H. (1995): Kieler Studien – Wettbewerb und Regulierung in der Telekommunikation. Tübingen.

SIEGEL, G. (2006): Übertragungsmedien. Unter:

http://www.tfh-berlin.de/~siegel/hypermed/netzd/netzd.htm#medien   (Abruf   am 15.10.2006).

SIEGMUND, G. (2002): Next Generation Networks. Heidelberg.

SIEMENS   (2006a):   Siemens   Communications   Lexicon.   Unter :
http://networks.siemens.de (Abruf: 14.08.2006).

SIEMENS (2006b): Optische Netze, Carrier Ethernet, Fernsehen über IP-Netze:
Highlights und News von Siemens für das Broadband World Forum in Paris. Unter:

http://www.siemens.com/index.jsp?sdc_p=i1318298l0mno1408307pMNENcfsu1436z
3&sdc_bcpath=1302052.s_0%2C&sdc_sid=26549780949& (Abruf 20.10.2006).

SILICON. DE (2006): UMTS auf heimlichen Erfolgskurs. Unter:

http://www.silicon.de/enid/umts/20086 (Abruf: 20.12.2006).

SKY DSL (2006): Die skyDSL-Tarife und alle Upgrades in der Tarifübersicht. Unter:

http://www.teles-skydsl.de/order.php?func=tariff_summary (Abruf: 20.10.2006).

SOLON – MANAGEMENT CONSULTING FOR DYNAMIC MARKETS (2006): Mobilfunk in
Deutschland   2010.   Unter:
http://www.solon.de/download_secure/Solon_Mobilfunk_%202010.pdf   (Abruf:
19.12.2006).

SPIEGEL ONLINE (2006): Bundestag billigt umstrittenes Telekom-Gesetz. Unter:

http://www.spiegel.de/wirtschaft/0,1518,451793,00.html (Abruf: 13.12.2006).

STUTTGARTER ZEITUNG ONLINE (2006): Kabel BW geht an Schweden. Unter:
http://www.stuttgarter-zeitung.de/stz/page/detail.php/1146097 (Abruf 17.11.2006).

SYSTEM WORLD (2001): UMTS-Anbieter in Deutschland. Unter:
http://www.systemsworld.de/id/6544/CMEntries_ID/8331/cubesig/32f77ddecdac5899
c270ee6e04675c8f#8331 (Abruf: 12.09.2006).

T - HOME (2006a): Preise und Pakete. Unter:
http://www.t-home.de/c/74/19/96/7419966.html (Abruf: 1.11.2006).

T – HOME (2006b): Pakete und Preise. Unter:
http://www.t-home.de/c/74/19/89/7419890.html (Abruf: 04.12.2006).

T – HOME (2006c). Unter:
http://www.t-home.de/ (Abruf: 18.12.2006).

T – ONLINE (2006a): Konzernzwischenbericht. Unter
http://download-dtag.t-online.de/deutsch/investor-relations/4-
finanzdaten/zwischenberichte/2006_h1.pdf (Abruf 22.11.06).

T – ONLINE (2006b): Walter Raizner stellt sich Fragen zu T-Home. Unter:
http://www2.t-online.net/dyn/c/95/49/34/9549344.html (Abruf: 15.12.2006).

TEC CHANNEL (2001): Quam: Group 3G startet im Mobilfunkmarkt. Unter:
http://www.tecchannel.de/news/themen/business/409426/ (Abruf: 23.09.2006).

Tᴇᴄ Cʜᴀɴɴᴇʟ (2006a): 3GSM 2006: Der wichtigste Mobilfunk-Kongress des Jahres. Wimax – Lösungen. Unter: http://www.tecchannel.de/telko/sprache/434616/index7.html (Abruf:1.08.2006).

Tᴇᴄ Cʜᴀɴɴᴇʟ (2006b): WiMAX - Versteigerung in Deutschland. Unter: http://www.tecchannel.de/news/themen/netzwerk/204466/ (Abruf: 23.09.2006).

Tᴇʟᴇ Cᴏʟᴜᴍʙᴜs (2006a): Triple Play - drei Anschlüsse in einem. Unter: http://www.telecolumbus.de/pdf/kabelnet/kabelnet_0206.pdf (Abruf: 2.12.2006).

Tᴇʟᴇ Cᴏʟᴜᴍʙᴜs (2006b): Financial Report Second Quarter Fiscar Year 2006. Unter: http://www.telecolumbus.de/investor_relations/tc_mda_q2_2006.pdf (Abruf: 30.09.2006).

Tᴇʟᴇᴄᴏᴍ Iᴛᴀʟɪᴀ (2006): Telecom Italia to acquire Time Warner's Aol Germany internet access business for 675 million euros. Unter: http://www.telecomitalia.com/cgibin/tiportale/TIPortale/ep/contentView.do?tabId=6&pageTypeId=-8663&LANG=EN&channelId=8681&programId=9599&programPage=/ep/TImedia/TSearch_advanced.jsp&contentId=29229&contentType=EDITORIAL&LANG=EN&tabId=6&pageTypeId=-8663 (Abruf: 1.11.2006).

Tᴇʟᴇᴄᴏɴɴᴇᴛ (2003): Symmetrische Leitung. Unter: http://xdsl.teleconnect.de/xDSL_germ/PDF/dslReview2003_07.pdf (Abruf: 3.07.2006).

TELECONNET   (2004):   Breitband   -   Stand   und   Prognosen.   Unter:
http://xdsl.teleconnect.de/xDSL_germ/PDF/dslReview2004_29.pdf
(Abruf: 13.09.2006).

TELECONNET   (2005):   FTTx.   Unter:
http://xdsl.teleconnect.de/xDSL_germ/PDF/dslReview2005_03.pdf
(Abruf 22.11.2006).

TELEFONICA   (2006):   Voice   auf   alternativen   „Last   Mile"   Access.   Unter:
http://www.telefonica.de/carrier/voip.html (Abruf: 14.08.2006).

TELKO – NET - FUNKSCHAU (2006): Multimedia im Breitbandkabel. Unter:
http://www.telko-net.de/heftarchiv/pdf/2001/fs2001/fs0120070.pdf (Abruf 20.11.2006).

Teltarif – Größtes – Deutschsprachiges Telekommunikationsmagazin (2005):
Glasfaser-Netze werden DSL-tauglich. Unter:
http://www.teltarif.de/arch/2005/kw37/s18655.html?page=2 (Abruf 12.10.2006).

TELTARIF – GRÖßTES – DEUTSCHSPRACHIGES TELEKOMMUNIKATIONSMAGAZIN (2006a):
NetCologne: Eigener Glasfasernetzbau rechnet sich. Unter:
http://www.teltarif.de/arch/2006/kw41/s23444.html (Abruf: 11.10.2006).

TELTARIF   –   GRÖßTES   –   DEUTSCHSPRACHIGES   TELEKOMMUNIKATIONSMAGAZIN
(2006b):Stadtwerke treten bei Glasfasernetzen in Konkurrenz zur Telekom. Unter:
http://www.telefontarif.de/arch/2006/kw08/s20602.html (Abruf: 13.09.2006).

TELTARIF – GRÖßTES – DEUTSCHSPRACHIGES TELEKOMMUNIKATIONSMAGAZIN (2006c): NetCologne: Eigener Glasfasernetzbau rechnet sich. Unter: http://www.teltarif.de/arch/2006/kw41/s23444.html (Abruf: 13.10.2006).

Teltarif – Größtes – Deutschsprachiges Telekommunikationsmagazin (2006d): NetCologne prüft Einstieg in den Mobilfunk. Unter: http://www.telefontarif.de/arch/2006/kw18/s21516.html (Abruf: 18.11.2006).

UMTS LINK (2006): HSDPA stellt sich als UMTS-Upgrade vor. Unter: http://umtslink.at/cgi-bin/reframer.cgi?../HSDPA/hsdpa_grundlagen1.php   (Abruf 02.11.2006).

UMTS - REPORT (2006): Apax will sich bei Versatel zurückziehen. Unter: http://www.umts-report.de/news.php?ida=526539&idc=270 (Abruf: 28.11.2006).

UMTS WORLD (2003): UMTS / 3 Industry.Unter: http://www.umtsworld.com/industry/industry.htm (Abruf: 3.08.2006).

UNITED INTERNET (2006): Programmiert auf Erfolg. Unter: http://unitedinternet.org/website/content/ir/analystenstimmen/050113.pdf   (Abruf: 14.08.2006).

UNITY MEDIA (2006): Faktenblatt. Unter: http://www.unitymedia.de/unternehmen/faktenblatt.html (Abruf 25.11.2006).

UPA – UNIVERSAL POWERLINE ASSOCIATION (2006): UPA Produkts. Unter: http://www.upaplc.org/page_viewer.asp?category=Home&sid=2 (Abruf: 26.12.2006).

VATM – VERBAND DER ANBIETER VON TELEKOMMUNIKATIONS- UND MEHRWERTDIENSTEN e. V. (2006a): Der VATM repräsentiert den Wettbewerb auf dem deutschen Telekommunikationsmarkt. Unter: http://www.vatm.de/content/ueber.html (Abruf: 19.10.2006).

Vatm – Verband Der anbieter Von Telekommunikations- Und Mehrwertdiensten e. V. (2006b): Achte Marktanalyse zur Telekommunikation. Unter: http://www.vatm.de/content/studien/inhalt/27-09-2006.pdf (Abruf 25.11.2006).

VATM – VERBAND DER ANBIETER VON TELEKOMMUNIKATIONS- UND MEHRWERTDIENSTEN e. V. (2006c): Wettbewerbökonomische Implikationen eines Regulierungsmoratoriums beim Glasfaserausbau in den Zugangsnetzen der Deutschen Telekom. Unter: http://www.vatm.de/content/studien/inhalt/23-05-2006.pdf (Abruf: 23.10.2006).

VODAFONE (2006a): Die DSL-Tarife von Vodafone. Unter: http://www.vodafone.de/profis/91959.html (Abruf: 13.11.2006).

VODAFONE (2006b): Vodafone baut die Marktführerschaft bei UMTS aus und dringt in den Festnetzmarkt vor. Unter: http://www.vodafone.de/unternehmen/presse/28763_82979.html (Abruf: 14.12.2006).

VOGELGESANG, I. (2005): Resale und konsistente Entgeltregulierung. WIK – Diskussionsbeitrag Nr. 269, Bad Honnef.

WALDENMEIER, (2002), S.32 UMTS kommt, aber schleichend. Unter: http://www.funkschau.de/heftarchiv/pdf/2002/fs2202/fs0222012.pdf, S.:32-36. (Abruf: 13.09.2006).

WELFENS, P.J.J.(2006): Die Zukunft des Telekommunikationsmarktes - Volkswirtschaftliche Aspekte digitaler Wirtschaftsdynamik. Unter: http://fesportal.fes.de/pls/portal30/docs/FOLDER/STABSABTEILUNG/INTERNET_W elfens.pdf (Abruf: 28.10.2006).

WELFENS, P.J.J./ GRAACK, C. (1996): Telekommunikationswirtschaft. Berlin. Heidelberg. New York.

WELT (2006): Telekom senkt die Preise für DSL-Wiederverkäufer. Unter: http://www.welt.de/data/2006/08/24/1008155.html (Abruf: 25.08.2006).

WIK – WISSENSCHAFTLICHES INSTITUTU FÜR KOMMUNIKATIONSDIENSTE GmbH (2000): Analytisches Kostenmodell Anschlussnetz. Bad Honnef.

WIKIPEDIA (2006a): Analogsignal. Unter: http://de.wikipedia.org/wiki/Analogsignal (Abruf 2.12.2006).

WIKIPEDIA (2006b): WIMAX. Unter: http://de.wikipedia.org/wiki/WiMAX (Abruf: 22.10.2006).

WILHELM TEL (2006a): Glasfasernetz - das ist Geschwindigkeit pur. Unter: http://www.wilhelm-tel.de/82.htm (Abruf: 7.12.2006).

WILHELM TEL (2006b): Preisübersicht 2007. Unter:

http://www.wilhelmtel.de/748.htm. (Abruf: 19.12.2006).

WIMAX DRESDEN (2006): Informationsplattform für WiMAX in Dresden. Unter:

http://www.wimaxdresden.de/index.php (Abruf: 20.11.2006).

WIMAX FORUM (2006a): About the WiMAX Forum. Unter:

http://www.wimaxforum.org/about (Abruf: 2.08.2006).

WIMAX FORUM (2006b): Unter:

http://www.wimaxforum.org/home/ (Abruf 5.11.2006).

WIMAX   FORUM   (2006c):   Unter:
http://www.wimaxforum.org/news/press_releases/WiMAX_QuickFacts.pdf
(Abruf:12.08.2006).

WIRTZ, B. W./BURDA, H./BEAUJEAN, R. (2006) : Deutschland Online 3. Die Zukunft des
Breitbands - Internets. Unter:

http://www.studie-deutschland-online.de/do3/studie_do3.pdf (Abruf: 19.11.2006).

WIRTZ, B./BURDA, H./REIZNER, W. (2006): Deutschland Online 4. Unter:

http://www.studie-deutschland-online.de/do4/DO4-Berichtsband_d.pdf .
(Abruf: 11.12.2006).

WIWO (2006): Telekom-Konkurrenten wollen Investitionen überdenken.
Unter:http://www.wiwo.de/pswiwo/fn/ww2/sfn/buildww/id/2178/id/230230/SH/3670024
fc6b00c20ba7c55ce8c2d75/depot/0/index.html (Abruf: 23.11.2006).

ZEIT (2006) :Mobilfunk.   Unter: http://www.zeit.de/2006/32/Mobilfunker?page=5
(Abruf: 26.12.2006).

ZDNET (2005): Nokia rüstet T-Mobile-Netz mit HSDPA auf. Unter:
http://www.zdnet.de/news/business/0,39023142,39135844,00.htm

(Abruf: 26.09.2006).

Diplom.de

Wissensquellen gewinnbringend nutzen

Qualität, Praxisrelevanz und Aktualität zeichnen unsere Studien aus. Wir bieten Ihnen im Auftrag unserer Autorinnen und Autoren Diplom-, Bachelor-, Master-, Magister- und Staatsexamensarbeiten sowie Dissertationen, Habilitationen und andere wissenschaftliche Studien und Forschungsarbeiten zum Kauf an. Die Studien wurden an Universitäten, Fachhochschulen, Akademien oder vergleichbaren Institutionen im In- und Ausland verfasst. Der Notendurchschnitt liegt im Prädikatsbereich bei 1,5.

Wettbewerbsvorteile verschaffen – Vergleichen Sie den Preis unserer Studien mit den Honoraren externer Berater. Um dieses Wissen selbst zusammenzutragen, müssten Sie viel Zeit und Geld aufbringen.

http://www.diplom.de bietet Ihnen unser vollständiges Lieferprogramm mit mehreren tausend Studien im Internet. Neben dem Online-Katalog und der Online-Suchmaschine für Ihre Recherche steht Ihnen auch eine Online-Bestellfunktion zur Verfügung. Eine inhaltliche Zusammenfassung und ein Inhaltsverzeichnis zu jeder Studie sind im Internet einsehbar.

Individueller Service – Für Fragen und Anregungen stehen wir Ihnen gerne zur Verfügung. Wir freuen uns auf eine gute Zusammenarbeit.

Ihr Team der Diplomarbeiten Agentur

Diplomica Verlag GmbH
Hermannstal 119k
22119 Hamburg
Fon 040-655 99 20
Fax 040-655 99 222
agentur@diplom.de
www.diplom.de